Interculturalidade
na pele

GERENTE EDITORIAL
Roger Conovalov

LETTERING
Helena Santana

DIAGRAMAÇÃO
Schaffer Editorial

REVISÃO
Mitiyo S. Murayama

CAPA
Lura Editorial

Todos os direitos desta edição são reservados às autoras.

Lura Editoração Eletrônica LTDA
LURA EDITORIAL - 2021
Rua Manoel Coelho, 500. Sala 710
Centro. São Caetano do Sul, SP – CEP 09510-111
Tel: (11) 4318-4605

Todos os direitos reservados. Impresso no Brasil.

Nenhuma parte deste livro pode ser utilizada, reproduzida ou armazenada em qualquer forma ou meio, seja mecânico ou eletrônico, fotocópia, gravação etc., sem a permissão por escrito das autoras.

Dados Internacionais de Catalogação na Publicação (CIP)
(CÂMARA BRASILEIRA DO LIVRO, SP, BRASIL)

Interculturalidade na pele : olhares sobre uma carreira internacional / [organizadora] Marcela Brito. 1ª Edição, Lura Editorial - São Paulo - 2021.

Vários autores
ISBN 978-65-84547-41-4

1. Interculturalidade 2. Carreira 3. Cultura I. Título.

CDD - 306

www.luraeditorial.com.br

Interculturalidade na pele

Olhares sobre uma carreira internacional

Claudia Eleutério Gomes
Marcela Brito
Natalie Falarara Gampires
Paula Moio

LURA

SUMÁRIO

Agradecimentos 7

Apresentação 11

Introdução 17

Capítulo 1 – A propósito, o que é interculturalidade? 23

Capítulo 2 – A interculturalidade na prática profissional . . . 33

Capítulo 3 – Marcela Brito:
vivendo a interculturalidade no Brasil 47

Capítulo 4 – Natalie Falarara Gampires:
o florescer profissional na Espanha 75

Capítulo 5 – Claudia Eleutério Gomes:
o renascer na terra do sol nascente 123

Capítulo 6 – Paula Moio:
a força da mulher africana conquista a Inglaterra 165

Capítulo 7 – Pesquisa:
Quem quer ter uma carreira no exterior? 217

AGRADECIMENTOS

Claudia Eleutério Gomes

    Agradeço a Deus pelo sustento e pelas respostas de oração que a amizade das mulheres com quem divido a autoria desta obra representa. Este livro é fruto de uma conversa, que, apesar de despretensiosa à princípio, tomou corpo, ganhou e perdeu adeptos no decorrer de sua gestação, resistiu e está ganhando vida.

    Eu até poderia fazer um agradecimento geral e dizer que não nomearia pessoas para não ferir suscetibilidades, mas eu vou correr o risco.

    Marcela, a mentora, por me acolher tão carinhosamente em sua vida. Obrigada por ouvir minhas dificuldades profissionais, propor soluções, ter sempre uma palavra de incentivo e por me brindar com seu carisma, sua inteligência cognitiva, emocional e intercultural. Natalie, a desbravadora, por me mostrar o que é ter um objetivo, acreditar nele e partir para cima. Obrigada por me inspirar com seu estilo empreendedor, sua ousadia e sua intrepidez.

Paula, a serena, por sua coragem, pelo desprendimento e pela generosidade com que abraçou este projeto. Obrigada por ser tão doce e sensível mesmo diante dos tantos desafios que a vida lhe trouxe, e por trabalhar com tanta dedicação pelo secretariado.

Ao meu marido Ricardo, pelos sins, mas principalmente pelos nãos que me tornaram uma pessoa. Aos meus filhos, Henrique e Aimée, por serem e estarem. Ao meu pai, Geraldo (*in memoriam*), secretário-executivo de alto nível, incentivador de todas as minhas aventuras profissionais e pessoais.

A cada secretária e secretário, cada professora e cada aluna, sem as quais eu não teria chegado até aqui como profissional de secretariado, e para as quais este livro está sendo escrito.

Faço também um agradecimento à leitora desconhecida desta obra. Agradeço a você pela confiança de que este livro vai agregar valor a sua trajetória profissional.

A vocês todos, meu amor e minha gratidão.

Marcela Brito

A Deus, fonte inesgotável de toda a minha saúde, inspiração e força para realizar tudo o que nasce em meu coração.

Toda minha gratidão às amigas e companheiras de uma jornada desafiadora que é escrever um livro remotamente passando por perdas, ganhos e uma pandemia no meio do caminho: Claudia Eleutério, Natalie Gampires e Paula Moio. Nós vivemos a interculturalidade na pele, em suas melhores faces e mais duras provas. Juntas, tornamos isto real!

Ao meu marido, sócio, melhor amigo e companheiro de uma vida maravilhosa, que fica cada dia melhor e mais feliz,

Victor Brito, e ao nosso mais valioso tesouro, aquele que o dinheiro não compra: nossa filha Elisa.

Aos familiares e amigos que continuam vibrando amor e positividade para que nossos projetos tenham êxito e alcancem outras mentes, corações e lugares!

Natalie Falarara Gampires

A Deus, que tem me guiado, dado forças e me conduzido durante toda a jornada da minha vida.

A Rosana Eliete Falarara, mãe, amiga e companheira, pelo amor e apoio incondicional. Ao meu amado pai Ricardo Gampires, esteja onde você estiver, dedico meu amor eterno. Aos meus irmãos Felipe, Patrícia, minha avó Julieta e familiares que sempre acreditaram em mim.

A Geisa Graciete Rafael e Gabriela Medeiros pelo apoio incondicional, pela amizade mais pura, genuína e verdadeira.

A todos os colegas de jornada que compartilharam suas vivências e me possibilitaram documentar e matizar importantes tópicos nesse projeto.

A Marcela Brito pelo maravilhoso convite para participar desse projeto tão lindo e motivador, pela jornada mais emocionante e desafiadora da minha vida.

A Claudia Eleutério e Paula Moio, minhas colegas de profissão e coautoras deste livro, pelas horas e horas, dias e meses compartilhando comigo esta inesquecível experiência.

Paula Maia

Uma imensa e profunda gratidão às minhas queridas coautoras — Claudia, Natalie e Marcela — pela solidariedade, compreensão e amizade que sempre foi a fundação que norteou esta página de introspeção das nossas vidas. Com esta experiência, fica em mim um eterno sentimento de irmandade.

Às minhas filhas, Ana e Catarina, pois foram elas a força catalisadora de minha segunda imigração e que sem elas eu não sou; por elas eu cresci.

Aos meus avós, João da Costa Brito e Catarina Mateus do Nascimento, que tiveram a coragem de viver seu amor e sua união numa era em que o casamento inter-racial era tão controverso e, em alguns casos, até perigoso. Eternamente grata a eles pelas estórias partilhadas dos dois mundos (duas culturas) que se fundiram em mim.

APRESENTAÇÃO

Era final de dezembro de 2014 e eu estava em clima de celebração de Natal e final de ano, quando em uma tarde despretensiosa, no salão de beleza, recebo notificação de e-mail no meu celular. Era o e-mail mais esperado até aquele momento: meu editor havia me encaminhado a prévia de "Secretariado Intercultural: como auxiliar empresas e negócios no exterior", o meu primeiro livro.

Sentia um tremor por todas as partes de meu corpo e uma emoção difícil de explicar. Era parte da jornada, de ideias, de um trajeto acadêmico, de vida e um sonho sendo realizado. A materialização de muitas noites de estudo, pesquisa, leitura, fichamentos e avaliações infindas, os quais nunca estavam bons o suficiente para enviar a uma editora (afinal, quem se interessaria em lançar uma publicação com um tema tão direcionado?).

A questão é que pouca gente sabe disso, entretanto, eu enviei meu manuscrito a muitas editoras de médio e grande porte. Imagine, já pensou poder publicar por uma editora já conhecida? No entanto, o mercado editorial no Brasil passa por dificuldades e não é tão simples chegar aos grandes, ainda que seu trabalho seja bom. E, até então, eu estava em um lindo processo de transição. Havia pouco mais de um ano eu me tornara mãe. Mãe de uma menininha linda e saudável, cuja vida pulsava em mim como nada antes era capaz de fazer. E essa fase havia me feito focar fortemente neste novo papel de vida. E eu estava dedicada a ser a melhor mãe que eu pudesse ser para ela.

Somado a este fato, eu também estava recém-chegada a uma nova cidade. Minha filha nasceu no Rio de Janeiro, porém, por questões profissionais e um pequeno embate travado com a empresa pública onde meu marido e eu já trabalhávamos à época, minha decisão foi ir embora sem a autorização oficial da empresa para a transferência. É muito difícil ser mulher, profissional e mãe (tudo ao mesmo tempo). As pessoas mudam o olhar sobre você quando sua barriga cresce. Não fosse o apoio emocional e incondicional de meu esposo, mesmo morando em outra cidade, e a presença constante dos meus pais, não sei o que teria acontecido.

O fato é que de alguma forma a maternidade me deixou mais forte, mais decidida e focada. O nascimento de Elisa culminou no exato mês de término de contrato de meu apartamento no Rio. Encerrei meu contrato sem pendências, passei quinze dias com meus pais em Resende, sul do estado do Rio de Janeiro. E meu esposo nos buscou para nossa maior aventura juntos: nossa mudança para o Cerrado. E em 10 de novembro de 2013 eu chegava com um bebê recém-nascido a Brasília, Distrito Federal (coberta pela licença-maternidade, mas sem garantias de que seria efetivamente transferida ao final desse período).

Tudo deu certo e a vida fluiu. Nova e cheia de desafios. E nesse contexto meu sonho de escrever se concretizou. Em virtude de minhas novas atribuições domésticas e maternais, pouco havia pesquisado sobre editoras mais acessíveis. Um belo dia, buscando pessoas relacionadas a este tema em redes sociais, cheguei a uma editora pequena, nova, dedicada a publicar autores independentes por demanda. Na Lura Editorial, encontrei o acolhimento, o carinho e o profissionalismo de uma equipe que se dedicou a fazer um belo trabalho publicando meu primeiro livro, em fevereiro de 2015. Por intermédio de meu primeiro livro, uma nova Brasília se apresentou e uma nova Marcela nasceu.

A partir do lançamento de meu livro, começaram a surgir convites para palestras em instituições de ensino superior e até palestras fora de Brasília. Dois mil e quinze foi um ano muito vivo e no qual tive a oportunidade de conhecer pessoas de luz que me permitiram ampliar minha rede de relacionamentos. Por intermédio de meu livro, recebi uma proposta para participar de um processo para professor na graduação em Secretariado Executivo de uma faculdade em Brasília, coidealizei o comitê de Secretariado Executivo do Distrito Federal e firmei um contrato com o Grupo Uninter, para atuar como docente do componente curricular de Gestão de Eventos da graduação EaD do curso Tecnólogo em Secretariado da instituição.

Meu primeiro livro se propôs a ser uma reflexão sobre a atuação do profissional de secretariado para além da assessoria. Meu objetivo era propor que esse profissional fosse, de fato, um conector de pessoas, empresas e negócios, para auxiliar na harmonização organizacional, que já é multicultural, neste mundo VUCA (volátil, incerto, complexo e ambíguo). Nesse contexto, a partir de 2016 meu livro foi a ponte para que eu conhecesse profissionais brasileiros e estrangeiros que atuavam fora de seu país de origem, por meio de redes sociais como Facebook, LinkedIn e Instagram. Era comum essas pessoas me falarem que o que eu havia colocado no livro era o que eles vivenciavam na prática. Ali, tudo começou a fazer sentido para mim.

E foi nessa rede privilegiada, que se formou por meio do livro e do trabalho de outros profissionais competentes e admiráveis na profissão, que eu conheci essas mulheres especiais.

Muito mais do que a experiência no exterior como ponto em comum, elas possuem a coragem de se abrirem ao conhecimento e aceitarem os desafios diariamente impostos a elas nesse processo de redescobrimento de si e de um mundo totalmente novo fora do conforto de sua pátria mãe.

E meu primeiro livro foi o ponto de partida para que este, por meio de um projeto ousado, colaborativo e profundo, também se fizesse real. Aqui apresentamos a vocês, com muito carinho, o livro *Interculturalidade na pele: olhares sobre uma carreira internacional* como o resultado de muito amor, energia, acolhimento mútuo dessas mulheres maravilhosas e profissionais exemplares que Deus trouxe como verdadeiros presentes e que enriquecem sem igual a minha jornada.

Nesta publicação, vocês conhecerão essas profissionais que gentilmente compartilham o mais precioso de suas vivências de imigração: Cláudia Eleutério (brasileira residente no Japão e com uma experiência de gestão escolar na qual suas atribuições de Secretariado foram fundamentais) e devo dizer que a primeira videoconferência que fizemos me inspirou fortemente a iniciar este projeto; Natalie Gampires (brasileira residente na Espanha), que tive o prazer de conhecer por meio de uma troca deliciosa em maio de 2016 em Madri durante um treinamento internacional; e por fim e não menos importante, Paula Moio (angolana residente no Reino Unido, e que atua em um modelo de negócio intitulado *family office*), uma amiga-irmã e da qual sou parceira em um lindo projeto no qual meus livros, coração e contribuições chegam há cinco anos até as assistentes angolanas por meio do Seminário da Academia BAI, que ela lindamente conduz com profissionalismo, ética e competência.

Mais do que um manual ou guia de como planejar uma carreira internacional, este livro pretende ser um ponto de intersecção no qual vocês terão uma perspectiva, embora individual e subjetiva, de como isso pode funcionar na prática, com seus desafios e possibilidades. Sentimos falta de ter um processo de operacionalização do desejo de emigrar e, longe de sermos esse guia de aplicação, queremos que nossas pesquisas, experiências e relatos ajudem você, leitor/a, a refletir sobre os reais motivos pelos quais você deseja sair de seu país de origem para desenvolver uma carreira no exterior.

Obrigada por seu interesse e que a leitura deste livro inspire você em sua jornada!

Marcela Brito

INTRODUÇÃO

A CONCEPÇÃO DESTA PUBLICAÇÃO PASSA POR UMA PERGUNTA, que, ao longo do processo, se mostrou o cerne do objeto de nossa pesquisa e de nosso desejo de compartilhar conceitos, experiências e os produtos de um processo de imigração feito sem planejamento e preparo emocional e cultural. Trata-se de buscar entender por que as pessoas querem ter uma carreira fora de seu país de origem?

Sabemos que o mundo, especialmente o lado ocidental, vive em cadeia um processo cíclico de recuperação dos desequilíbrios comuns causados pelos processos de globalização de países, negócios e pessoas. Talvez esta fosse uma boa razão para uma pessoa em um país como o Brasil ou Angola desejar emigrar para outro, em busca de uma carreira que lhe rendesse mais retorno financeiro. E, dessa maneira, chegamos a outro questionamento imediato: *o que as pessoas buscam por meio de uma carreira no exterior?*

Seria muito precipitado julgarmos que apenas o aspecto financeiro fosse suficiente para alguém deixar seu país de origem? Ou elas estariam buscando algo mais? E que "algo mais" seria esse? Sabemos que são as perguntas, mais até que as respostas, que fazem a roda do conhecimento girar. Por meio de perguntas profundas, talvez seja possível clarear ideias e pensamentos de profissionais ao redor do globo que muitas vezes, no afã do piloto automático contemporâneo, apenas desejam sair, emigrar, partir, fugir (ou seriam todos esses verbos juntos?).

Com o objetivo de nos distanciarmos do senso comum, neste livro apresentaremos também os resultados de uma pesquisa realizada com profissionais no Brasil, com alcance em mais nove países (Holanda, Estados Unidos, Angola, Moçambique, Portugal, Japão, Alemanha, Chile e Canadá), para que o problema inicialmente proposto fosse respondido. Como o livro trata de um tema dinâmico, vivo, mutante, conforme falamos dele em países diferentes, sabemos que uma pesquisa quantitativa não atende plenamente os aspectos desse tipo de abordagem. Por esta razão, lançamos neste livro uma metodologia vivencial (termo livre), na qual os resultados da pesquisa encontram sentido nos relatos reais de experiência de nossas autoras, que gentilmente compartilharam seus processos de imigração e como essa trajetória aconteceu de fato.

Dessa forma, teremos neste livro sete capítulos que pretendem orientar, compartilhar, informar, sensibilizar e, também, divertir (acreditamos que a vida precisa ser ressignificada mesmo em suas experiências mais duras e difíceis). Portanto, no *primeiro capítulo* vamos apresentar os conceitos fundamentais que baseiam o entendimento da interculturalidade. Recorremos a alguns autores que fundamentam seu trabalho por meio deste tema e a partir dele para tentarmos transmitir da forma mais simples e clara possível o que é essa habilidade e de que maneira ela ocorre na prática.

No *segundo capítulo*, propomos um debate com você, leitor, para mostrar porque desenvolver a habilidade intercultural é tão importante, mesmo que você jamais decida sair de seu país de origem. Neste capítulo, traremos autores que falam sobre os fenômenos ocasionados pela globalização, falaremos um pouco sobre a quarta revolução industrial, ou seja, a quarta fase da globalização, na qual temos nos tornado seres híbridos e a tecnologia nos insere definitivamente nos mais improváveis cenários culturais. Neste panorama, somos parte do outro e o outro já é parte indissociável de nós. Embora pareça um capítulo filosófico, na realidade é um dos capítulos mais claros na vivência diária que podemos ter como cidadãos.

A partir do *terceiro capítulo*, teremos os relatos compartilhados por nossas autoras que, da forma mais sensível, original e profunda possível aceitaram o ousado desafio de dividir esse verdadeiro tesouro com você. O critério de divisão dos relatos é crescente, no sentido da vivência *aparentemente* menos complexa para a mais complexa. Quem abre, portanto, a sequência de relatos é Marcela Brito, brasileira, que nunca morou no exterior. E este é um fato curioso para compreender como seus primeiros estudos sobre interculturalidade a conectaram a profissionais em diferentes continentes, promovendo um produto real de um trabalho todo construído na lógica da globalização 4.0.

No *quarto capítulo*, teremos a competente Natalie Gampires, paulista de São Caetano do Sul, a mais jovem de nosso grupo em idade, mas com uma vivência inversamente proporcional a sua idade, somando 14 anos de experiência no secretariado. Natalie estudou inglês no Canadá e, pouco tempo depois de voltar ao Brasil, mudou-se para a Espanha, onde reside há sete anos em Madri e atua como secretária executiva sênior e Business Manager em uma instituição financeira americana. Foi constantemente desafiada a provar sua competência e profissionalismo para ganhar seu espaço e caminha com resistência e coragem para superar as limitações naturais desse processo. Um de seus grandes desafios foi firmar sua carreira, construir um círculo social próprio e ajudar a expandir a visibilidade das competências de um profissional de secretariado em um entorno marcado por uma cultura elitista.

Em nosso *quinto capítulo*, vamos visitar o país do sol nascente, o Japão, por meio das lentes de nossa competente Claudia Eleutério, brasileira natural de São Paulo, atualmente residente em Hamamatsu, a maior comunidade brasileira no Japão. Cláudia nos traz a vivência diferenciada e ímpar de uma brasileira que, por meio de sua fluência na língua inglesa, teve as portas abertas para atuações profissionais consideradas privilegiadas para um brasileiro que emigra para o Japão. Ela não precisou trabalhar na fábrica. Desde que chegou a Hamamatsu com seu esposo, teve a oportunidade de atuar em gestão escolar no Senac Japão, experiência que a fez compreender as necessidades e os desafios pessoais e profissionais dos brasileiros residentes. Esta experiência a fez conhecer mais sobre a cultura japonesa e os desafios que os brasileiros enfrentam ao decidirem viver no país oriental.

Chegando ao *sexto capítulo*, contamos com a rica participação da generosa Paula Moio morando em Londres. Ela nasceu em Luanda, Angola, foi criada em Lisboa, Portugal, e há 26 anos reside em Londres, Reino Unido. Paula atuou como assistente pessoal por 15 anos na BBC de Londres e hoje assessora executivos em um formato de negócio chamado *family office*, comum nos Estados Unidos e na Europa. Paula contará como foi a mudança da África para a Europa e como sua essência e raízes se tornaram a marca de sua atuação, já que a Paula conduziu durante 3 anos consecutivos um seminário para assistentes angolanas por meio da Academia BAI, em Luanda.

Por fim, no *sétimo capítulo*, temos a alegria de compartilhar os resultados coletados por meio da pesquisa realizada com profissionais residentes no Brasil, Chile, Angola, Moçambique, Estados Unidos, Canadá, Japão, Holanda, Alemanha e Portugal e que inicialmente pretendiam responder a alguns questionamentos. Independentemente do que você, leitor, encontrar neste capítulo, voltamos ao ponto central de nossa proposta: as respostas são fundamentais, mas não definitivas. O que define realmente sua empreitada de emigrar para construir uma carreira internacional ou ficar em seu país de origem e decidir viver em harmonia e constante evolução para aprender com os imigrantes é o quanto você está disposto a se conhecer e a abrir sua mente para compreender que existem outras verdades, olhares e experiências além dos nossos e que são igualmente legítimos e reais.

Esperamos que sua experiência com este livro seja profunda, válida e agradável, pois preparamos cada detalhe com muito carinho e, acredite, pensando na melhor forma disso chegar até você. Fique à vontade e que sua caminhada ao longo das próximas páginas seja significativa!

Abraços!

As autoras

Eu sou porque nós somos

ubuntu

CAPÍTULO 1

A propósito, o que é interculturalidade?

VOCÊ ESTÁ SENTADO EM UM CAFÉ EM SUA CIDADE, CONECTADO à internet, envolvido no fluxo contínuo de informações que nunca cessa, recebendo notícias do mundo todo, novas epidemias, novas tendências para o mercado, a moda e a vida cotidiana. Pela tela de seu aparelho de celular, você utiliza diversos aplicativos, que foram desenvolvidos em diferentes partes do mundo e facilitam a organização de seu trabalho, de sua rotina e até acalmam (apps de meditação, por exemplo).

Você sai para trabalhar em seu carro e o sistema operacional de seu celular se conecta ao seu veículo, atuando para apoiar você na localização de seu destino ou na atualização de notícias do dia, para que você chegue ao trabalho "bem informado". Você praticamente não digita mais em seu celular, porque agora Alexa, Siri ou Google Assistente escutam o que você diz e correspondem muito bem aos seus comandos.

Você trabalha em uma empresa privada, de capital estrangeiro, e naturalmente estará conectado a outros países do mundo e a outros profissionais com língua, hábitos, mentalidades e comportamentos diferentes dos seus. E precisa operar em uma lógica muito superior ao domínio técnico de sua área de atuação ou ao domínio de um idioma estrangeiro.

Tudo isso tem a ver com pessoas. A tecnologia tem a ver com pessoas. Não existe avanço tecnológico que não tenha como objetivo oferecer soluções para pessoas. O grande paradoxo desse debate é que quanto mais tecnológico e fluido se torna o mundo para questões de ordem prática, do trabalho e dos negócios, ainda mais afetivo, profundo e humano ele mesmo terá que se tornar quando estivermos diante de outro ser humano.

A inteligência cultural, que assim como a inteligência emocional se tornou uma competência urgente para o mundo que se forma após a eclosão da pandemia da covid-19, ainda parece um termo difícil de ser compreendido de maneira prática e, mais ainda, como se manifesta no dia a dia de trabalho de profissionais em qualquer lugar do mundo.

É importante lembrar que a interculturalidade é a expressão desejada de quem conseguiu elevar seu nível de inteligência cultural. Sobre este conceito, é conveniente trazer algumas referências reconhecidas quanto ao tema, a fim de ajudar você a entender sua origem e sua relevância especialmente dado o momento que vivemos.

Geert Hofstede (*in memoriam*), um dos mais respeitados autores sobre os estudos da cultura no mundo, traz a ideia de cultura como uma programação da mente. O que ele quer dizer com isso?

Hofstede e Hofstede (2005, p. 5) afirmam que "toda pessoa carrega consigo padrões de pensamento, sentimentos e atos potenciais que foram aprendidas ao longo da vida". Isso significa que fomos ensinados a agir de uma determinada maneira, conforme os costumes de nosso primeiro grupo social, a família e, em seguida, passamos a agregar comportamentos e opiniões que se assemelhavam aos nossos outros grupos sociais, como escola e igreja.

Portanto, boa parte das ações que manifestamos com relação ao meio e às pessoas não são necessariamente decisões conscientes e, sim, fruto de programações previamente estabelecidas. Curioso, não? Leia a seguir um trecho novamente fundamentado pelos autores citados anteriormente:

> Traços culturais geralmente eram atribuídos à hereditariedade, porque os estudiosos do passado não sabiam explicar de outra forma a notável estabilidade de diferenças em padrões culturais entre grupos humanos. Eles subestimavam o impacto do aprendizado de gerações anteriores e o ensino para gerações futuras do que alguém aprendeu por si só (HOFSTEDE e HOFSTEDE, 2005, p. 5).

Para os autores, a cultura é aprendida e não inata, ou seja, não é algo que nasce conosco e que não pode ser mudado. Eles comparam, ainda, outros aspectos da humanidade, como nossa natureza humana e nossa personalidade. Os autores apontam que a natureza humana é o aspecto comum que todos nós temos, desde um professor na Rússia até um aborígine na Austrália.

Por sua vez, a personalidade de um indivíduo é sua programação mental única e que não precisa ser dividida com outro ser humano. Esta explicação pode ser conferida pela Figura 1:

Figura 1 - Três Níveis de Singularidade da Programação Mental

```
              Específica do indivíduo              Herdada e aprendida
                              Personalidade

   Específica do grupo e
      de uma categoria        Cultura             Aprendida


Universal                  Natureza Humana                   Herdada
```

Fonte: Adaptado. Hofstede e Hofstede (2005, p. 4)

E aqui trago como uma demonstração daquilo que ouvimos de nossos pais, aprendemos em casa sobre um regime político, direitos das mulheres no mundo do trabalho ou, ainda, o que é ou não racismo. Na leitura de *Bom dia, Sr. Mandela*, Zelda La Grange (a mulher que assessorou por quase 20 anos o líder sul-africano e icônico Nelson Mandela) conta o que lhe era ensinado sobre o Prêmio Nobel da Paz (1993). Em um dos emocionantes trechos de seu livro, ela diz:

> [...] eu nadava em nossa piscina quando meu pai veio para o lado de fora, e o fato de alguém me observar distraiu minha atenção. Percebi que ele tinha alguma coisa na cabeça. "Sim, papai...?", eu disse. Ele apenas me olhou e, depois de alguns momentos de silêncio, respondeu: "Agora estamos com problemas. O terrorista foi solto. O terrorista foi solto." Minha resposta foi: "Quem é esse?", e ele respondeu: "Nelson

Mandela." Eu não tinha ideia de quem ele era ou o que isso significava para nós (LA GRANGE, 2015, p. 30).

La Grange (2015) relata que ela não imaginava tudo o que o presidente Mandela havia passado em seus 27 anos encarcerado. Ou seja, em sua fala fica claro o quanto muitas vezes somos influenciados por aquilo que aprendemos em nossas primeiras esferas de relacionamento, seja pessoal ou profissional.

Para que possamos compartilhar um pouco dos estudos sobre cultura, antes ainda de falarmos sobre inteligência cultural e interculturalidade, queremos fazer um pedido a você:

Esqueça por um breve momento todas as verdades que você tem carregado até aqui!

Para compreender as dimensões da cultura e como ela interfere diretamente em tudo o que nos tornamos ao longo do tempo de vida e como nos relacionamos com as pessoas, é necessário questionar tudo o que nos foi ensinado, como exercício constante de maturidade e evolução humana.

Toda nação possui formas de manifestação de seus valores e crenças que se expressam em dimensões comuns. Hofstede e Hofstede (2005, p. 22) classificaram essas dimensões da seguinte maneira:

- Relação com a autoridade
- Concepção de si mesmo — em particular, o relacionamento entre indivíduo e sociedade —, o conceito individual de masculino e feminino
- Maneiras de lidar com conflitos, incluindo o controle da agressão e a expressão de sentimentos

Após anos de pesquisa na área, Hofstede fez um estudo sobre os valores de pessoas em mais de 50 países ao redor do mundo. Essas pessoas trabalhavam em filiais de corporações multinacionais como a IBM. A pesquisa trouxe dados sobre problemas comuns, porém que eram solucionados de formas distintas a depender do país onde o profissional trabalhava.

Portanto, após incorporar estudos de outros autores e aprofundar a pesquisa com os países, Hofstede chegou a cinco dimensões culturais nacionais:

Quadro 1 - As cinco dimensões da cultura por Geert Hofstede

Distância ao poder	Dimensão que mede o quanto membros menos poderosos de uma organização aceitam a distribuição desigual do poder
Individual x Coletivo	Dimensão que apura o quanto organizações sociais atuam com ações que focam apenas em seus interesses ou no bem coletivo
Masculinidade x Feminilidade	Dimensão que mede a prevalência de valores atribuídos ao perfil masculino ou feminino e praticados por organizações
Intolerância à incerteza	Dimensão que apura o nível de insegurança ou desconforto por membros de uma cultura com relação a situações desconhecidas
Orientação curto prazo x Longo prazo	Dimensão que indica o quanto uma cultura se vale de suas tradições ou rituais para estabelecer ações futuras

Fonte: Adaptado. Hofstede e Hofstede (2005)

Tomando por base as dimensões das culturas nacionais validadas por Hofstede, devemos partir para o conceito de inteligência cultural dentro de um cenário profissional global cada vez mais desafiador.

De acordo com Livermore (2012, p. 13), inteligência cultural é a capacidade de operar de forma eficaz entre culturas nacionais, étnicas e organizacionais diferentes".

Sob esta perspectiva, compreendemos que desenvolver este tipo de inteligência se faz urgente e imediato, especialmente quando vivemos em um mundo no qual fatos isolados também se globalizam em uma espantosa velocidade, fato mais recente acontecido em virtude da pandemia da Covid-19, que teve suas primeiras notificações na cidade de Wuhan, na China e, em poucos meses, alcançou os demais continentes, impactando como nunca antes visto neste século economia, modelos de trabalho, culturas organizacionais e regimes políticos.

Thomas e Inkson (2004) explicam como exatamente funciona a conversão da cultura em um tipo de inteligência e como ela deve ser transformada em uma habilidade.

Para Thomas e Inkson (2004, p. 38), alguém culturalmente inteligente possui:

- o conhecimento para compreender o fenômeno do intercâmbio cultural
- a atenção para observar e interpretar situações específicas
- a habilidade de adaptar a conduta e agir apropriadamente, obtendo sucesso, em situações variadas

Os autores defendem que este tipo de competência favorece o desenvolvimento de dois grupos, especialmente tratando de ambientes organizacionais multiculturais. O primeiro grupo trata das pessoas que possuem boas condições de apresentarem um desempenho aceitável trabalhando em equipes e que naturalmente manifestam facilidade de relacionamento interpessoal. Ao desenvolverem a inteligência cultural, tornam-se mais autoconfiantes e seguros nos processos de trabalho que envolvem outras pessoas.

O segundo grupo diz respeito a pessoas com perfil mais introspectivo e focado em resultados e que, ao elevarem seu nível de inteligência cultural, expressam ações mais empáticas e sensíveis a realidades distintas no ambiente de trabalho. Essas pessoas se tornam mais habilidosas com sua comunicação e se saem melhor também ao serem envolvidas em atividades coletivas.

Por fim, Brito (2015, p. 27) conclui que:

> Pensar de maneira global significa se comportar como um verdadeiro cidadão do mundo e, neste escopo, a língua e a cultura são as ferramentas primordiais de quem almeja uma posição no mercado. Há uma busca incessante pelo aprendizado de outros idiomas, porém este aprendizado não será efetivo se não vier acompanhado da vivência cultural.

Esperamos que você tenha compreendido a essência desta que consideramos uma das principais competências para os profissionais que desejam se tornar globais, independentemente de suas atividades serem desenvolvidas dentro ou fora de seu país de origem. Mesmo porque não importa mais sua localização geográfica para tornar internacional uma carreira.

Aqui o mais importante é perceber o quanto você tem sido fortemente impactado pela cultura, não importa de onde ela venha e, sim, como ela se relaciona com o meio onde se apresenta. Reproduzimos boa parte dos comportamentos advindos dos ecossistemas nos quais convivemos por mais tempo.

A esta altura, todos nós estamos construindo histórias que são frutos de relacionamentos, pensamentos e sentimentos que nascem das nossas interações e dos nossos aprendizados. E, com nossa expansão tecnológica, a internacionalização já se tornou uma realidade, uma vez que consumimos arte, gastronomia, moda e educação em qualquer tempo e de qualquer lugar do mundo.

ACONTECE que você não pode esquecer que a despeito do idioma e das *idiossincrasias* os comportamentos que nos tornam humanos em qualquer lugar do mundo são os mesmos.

Claudia Cleutério Gomes

CAPÍTULO 2

A interculturalidade na prática profissional

Importância

Desenvolver a habilidade cultural é importante para compreender formas de atuar, pensar e se comportar e tem um papel fundamental na sociedade já que nos permite conhecer e entender desafios e demandas da realidade sociocultural atual em diferentes contextos culturais e pontos de vista. Também nos permite ter um melhor desempenho profissional, melhorando as relações interpessoais.

Entre tantos benefícios que o desenvolvimento dessa competência pode nos trazer, estão: a) a capacidade de trabalhar eficazmente com colegas de distintas culturas; b) comunicar-se com stakeholders em todo o mundo; e c) construir uma relação de confiança com um cliente.

Quando analisamos o mercado de trabalho, é preciso ter em mente que muitas empresas, quando estão recrutando profissionais com "experiência internacional", na maioria das vezes não estão buscando exclusivamente pessoas que tenham morado fora, mas partindo do ponto de vista que vivemos em um mundo globalizado e multicultural, realmente buscam candidatos que tenham conhecimentos de outras culturas, que saibam lidar e criar uma relação de confiança com seus pares ou conquistar um cliente culturalmente distinto. Essa habilidade, embora não descrita detalhadamente, é o que genuinamente toda empresa quer que seus colaboradores tenham para atingir o êxito em seu negócio.

Desenvolver a competência intercultural também vai abrir portas e melhorar a capacidade de se relacionar com pessoas de culturas diferentes. Isso acontece porque, ao deixar de lado o pré-julgamento, agir com reciprocidade e estar aberto a uma interação genuína nos proporciona conhecimento necessário para construir uma vida profissional e social mais leve e fluida e, portanto, mais tolerante.

Como forma de exercitar esta competência, compartilhamos seis atitudes que podemos aplicar ou aprimorar para viver esse conceito na prática:

1. Abertura e disponibilidade

É a atitude de se colocar à disposição e estar abertos a iniciar e desenvolver uma interação com pessoas culturalmente diferentes, seja nacional ou regional, religiosa ou linguística. Consiste em suspender o julgamento e avaliar as interações que vão ser mantidas com outra pessoa, partindo da reciprocidade.

Antes de tudo, eliminar todo e qualquer preconceito, ser sinceros e honestos conosco para então poder assimilar que somos todos culturalmente diferentes e que não existe o conceito do certo ou errado, do normal ou estranho.

Por exemplo, quando em uma conversa uma pessoa diz à outra que não gosta ou não conseguiria viver em um determinado país porque os nativos são pessoas frias e, portanto, agem de maneira estranha, esse é um erro de percepção muito comum. Isso porque não houve abertura suficiente do interlocutor para compreender que o fato de que essas pessoas não sejam afetuosas como nós somos não faz delas pessoas estranhas ou frias.

Se analisarmos essa situação a partir do outro ponto de vista, pode ser que para esses nativos o nosso comportamento afetuoso pode ser invasivo, não respeitando a intimidade ou espaço da outra pessoa.

É uma simples questão do ponto de vista cultural e, portanto, ter a mente aberta e receptiva é o primeiro passo a ser seguido para criar essa ponte com uma pessoa culturalmente distinta.

2. Comunicação verbal e não-verbal

Na comunicação verbal e não-verbal, tratamos de articular uma compreensão complexa das diferenças culturais. Para desenvolvê-la, é preciso negociar habilmente um entendimento compartilhado com base nessas diferenças.

A comunicação verbal tem a ver com o que as pessoas dizem e como elas expressam suas ideias por meio de interações presenciais direta ou indiretamente e virtuais, como mensagens de texto, e-mails, cartas, telefonemas, entre outros.

Quando nos expressamos verbalmente e com pessoas culturalmente diferentes, pode haver uma má interpretação no que se refere ao tom de voz, palavras que podem ser parecidas mas com significado diferente, palavras que usamos e tipo de discurso, por exemplo, em algumas culturas é muito comum ser mais direto e, em outras, mais cauto com as palavras.

Por outro lado, a comunicação não-verbal é mais difícil de ler porque muitas vezes é sutil e não intencionada, mas pode gerar desentendimentos.

É importante ser consciente dessas falhas de comunicação e aprimorar o entendimento das diferenças culturais entre nós e a pessoa com a qual estamos conversando.

Por exemplo, em algumas culturas, espera-se o contato visual durante uma conversa, enquanto em outras essa atitude não tem muita importância. Em algumas culturas, a maneira como você recebe um cartão de visitas é muito importante e existe todo um protocolo a seguir para transmitir respeito e educação.

Os quatro passos para trabalhar e aperfeiçoar essa habilidade são:

- Identificar
- Ser consciente
- Reconhecer
- Participar da comunicação verbal e articular um entendimento complexo com base na diversidade

Quando esses quatro níveis de desenvolvimento estão bem aperfeiçoados, somos capazes de sutilmente detectar as diferentes maneiras com as quais as pessoas interagem e se comportam de forma efetiva.

3. Visão do mundo

Adquirir esse conhecimento demonstra a compreensão sofisticada da complexidade dos elementos importantes de pessoas culturalmente diferentes em relação a: história, valores, política, estilos de comunicação, economia, crenças e práticas do dia a dia.

É possível aprender lendo, escutando *podcasts*, assistindo a entrevistas, ouvindo música ou mesmo assistindo a programas de outros países.

4. Empatia

A empatia é uma das habilidades mais importantes para desenvolver a inteligência intercultural porque é nessa capacidade de perceber e compartilhar pensamentos, sentimentos e emoções baseado no reconhecimento de um outro indivíduo como o seu semelhante. E é por isso que a empatia é vital em nossa vida social.

Significa que podemos interpretar uma experiência intercultural de sua própria perspectiva e de uma visão do mundo.

Podemos demonstrar a habilidade de agir de uma forma de apoio que reconhece os sentimentos de outro grupo cultural.

5. Curiosidade

Outra atitude bastante comum e fácil para criar uma ponte e se aproximar da outra pessoa é ativando a curiosidade. Ela é importante nesse processo porque vai mostrar à outra pessoa que você tem um interesse e quer aprender mais sobre a cultura dela. Quebra um possível gelo, aproxima as pessoas e enriquece conhecimentos.

Em primeiro lugar, você pode começar pesquisando algo sobre o país, região ou costumes dessa pessoa. O segundo passo seria demonstrar interesse fazendo perguntas mais complexas, mas não polêmicas, que podem gerar um certo desconforto. A ideia é articular perguntas que refletem múltiplas perspectivas culturais.

6. Autoconsciência cultural

Desenvolver a autoconsciência cultural é muito importante porque dessa maneira vamos estar cientes de como nossas experiências moldaram nossas regras, nossas percepções. Trata-se de articular percepções sobre nossas próprias regras culturais, suposições e preconceitos.

Sobre o conceito de inteligência cultural (IC), Livermore (2012) defende que pode ser desenvolvida a partir de um modelo de quatro dimensões, um repertório de técnicas e uma abordagem de dentro para fora.

É possível compreender essas dimensões a partir da imagem a seguir:

Figura 2 - O modelo em quatro dimensões da inteligência cultural

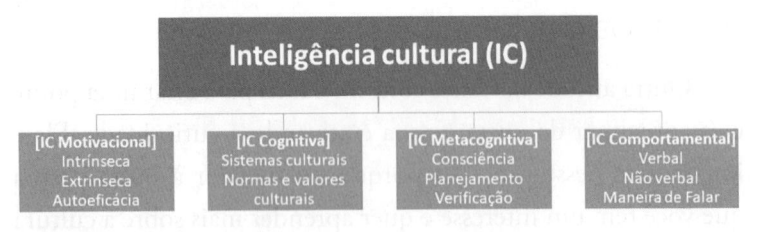

Inteligência cultural (IC)			
[IC Motivacional] Intrínseca Extrínseca Autoeficácia	[IC Cognitiva] Sistemas culturais Normas e valores culturais	[IC Metacognitiva] Consciência Planejamento Verificação	[IC Comportamental] Verbal Não verbal Maneira de Falar

Fonte: Adaptado. Livermore (2012, p. 48)

a. A primeira dimensão da IC: Motivacional

Livermore (2012) explica que a primeira dimensão da IC está relacionada à vontade de ter a habilidade, ou seja, é necessário que o indivíduo demonstre interesse e confiança para se adaptar a outros cenários culturais.

Isso quer dizer que o abrir-se a essa habilidade requer, antes, um esforço de desejar imergir no universo cultural do outro ou da organização com a qual se pretende trabalhar.

Suas três subdimensões são: a motivação *intrínseca*, ou seja, o quanto você tolera situações diversas culturalmente; motivação *extrínseca*, que corresponde aos benefícios tangíveis que você vai obter a partir da experiência com culturas diferentes; e a *autoeficácia*, que diz respeito ao quanto você acredita que suas interações interculturais resultarão em ações positivas.

b. A segunda dimensão da IC: Conhecimento

Ainda fundamentado em Livermore (2012), trazemos esta segunda dimensão da IC, que tem relação com o conhecimento sobre as questões e diferenças interculturais. Quando você sente interesse e desejo em se aprofundar em uma cultura por razões pessoais ou profissionais, o passo seguinte é buscar o conhecimento mínimo necessário para lançar um olhar menos parcial e mais justo sobre aquele que é diferente.

Em suas duas subdimensões, o conhecimento se abre em *sistemas culturais* e *normas e valores culturais*. Os *sistemas culturais* fazem referência a como as sociedades se organizam para atender às necessidades básicas de sua população.

Já as *normas e valores culturais* são a forma como uma cultura lida com questões de tempo, autoridade e relacionamentos.

c. A terceira dimensão da IC: Estratégia

Trata-se da capacidade que um profissional possui de lançar mão de estratégias quando inicia suas atividades em outra cultura. Em outras palavras, é dar sentido às experiências interculturais atuando na lógica da nova cultura na qual se está inserido. Nesse escopo, existem três subdimensões da estratégia, que são *consciência*, quando se dá atenção aos acontecimentos que envolvem a si e aos demais, *planejamento*, que significa reservar tempo para se preparar para situações como reuniões, encontros de relacionamento e apresentações de trabalho em contextos interculturais e, por fim, a *verificação*, que é o acompanhamento ou monitoramento da interação, a fim de avaliar se as vivências ocorridas foram positivas e adequadas.

d. A quarta dimensão da IC: Ação

Esta é a dimensão comportamental da inteligência cultural, ou seja, a prática da habilidade intercultural. Nesta etapa, é possível expressar a capacidade de agir apropriadamente dentro de uma série de situações interculturais. Essa dimensão apresenta mais três subdimensões, sendo elas: *ações verbais*, as palavras exatas que expressam o que desejamos comunicar, *ações não verbais*, como tom de voz, contato visual direto, sorrisos excessivos e gestos muito proeminentes, e *a maneira de falar*, que diz respeito a como embalamos nossa mensagem. O uso de alguns recursos de linguagem como ironia ou analogias podem ir muito bem em algumas culturas e nem tanto em outras.

Com isso, ressaltamos que o processo de adaptação a uma nova cultura demanda um esforço não somente intelectual no que concerne ao aprendizado de uma língua estrangeira, mas especialmente um preparo emocional e social para compreender o universo simbólico do outro, como ele vê, lê, sente, interpreta e se relaciona com o ambiente ao seu redor e as pessoas que o compõem.

Além daquilo que se deve construir em termos de conhecimento, a fim de que a inteligência cultural seja praticada de maneira apropriada, existem comportamentos que poderiam compor uma relação de "atitudes a serem evitadas". Neste sentido, aqui elencamos comportamentos que em nosso entendimento não agregam valor e se evitados podem até mesmo melhorar sua primeira conexão com pessoas de culturas distintas da sua.

Atitudes que merecem atenção!

1. Piadas — Provavelmente, para quem morou ou trabalhou em outro país, ao ouvir uma piada ficou sem entender ou se sentiu deslocado. Exatamente! Porque piadas são sempre expressões de contextos específicos da cultura local. Ignore piadas e nunca conte as suas. Causam desconforto e geralmente trazem conotações preconceituosas.

2. Contato físico — Em algumas culturas, os abraços e beijos no rosto foram naturalizados no contexto profissional, no entanto, ao tratarmos de ambientes multiculturais, o objetivo é sempre respeitar o espaço íntimo da outra pessoa. Portanto, recomendamos que não haja contato físico em novas experiências interculturais.

3. Assuntos particulares — Uma reunião de negócios tem como objetivo resolver problemas de trabalho. Portanto, não há sentido iniciar uma reunião profissional falando sobre sua família, se seus filhos adoeceram ou se seu cônjuge viajou. A depender da cultura, o primeiro contato deve preservar a objetividade e o propósito dos encontros.

4. Perguntas invasivas – Se não é interessante falar sobre sua vida pessoal, o que dirá fazer perguntas de cunho particular a outras pessoas da equipe. A menos que você construa um relacionamento de intimidade fora do ambiente de trabalho, nem precisamos lembrar que essas questões não devem ser tratadas, não é mesmo?

5. Escuta ativa – Das competências emocionais, sem dúvida esta é aquela que abre caminho para a construção de relacionamentos saudáveis e bem estruturados tanto no âmbito pessoal quanto no profissional. Escutar o outro de maneira profunda é uma demonstração de respeito, antes de tudo.

Quando se fala em pensar globalmente significa que devemos desenvolver uma disciplina para ampliar o foco na lente com a qual enxergamos o mundo, as pessoas, as situações e os lugares. Pensar globalmente é desenvolver uma mentalidade madura o suficiente para ser capaz de entender a outra cultura pela lente dela e não pela nossa.

De acordo com Bloch e Whiteley (2011), deve-se interpretar o pensamento global sob o prisma de um processo: "Uma forma de se orientar para considerar todas as partes do mundo, mercados e lugares em potencial para se trabalhar, viver e fazer negócios."

Portanto, para construir uma carreira internacional e desenvolver atividades profissionais interculturais, não é preciso que você se mude para outro país. No contexto tecnológico, acelerado em virtude da pandemia da Covid-19, o trabalho remoto trouxe uma série de desafios para a realização de reuniões, entrevistas de empregos e participações em videoconferências.

A fim de orientar você quanto às melhores práticas para se sair bem em tarefas e reuniões virtuais, compartilhamos aqui um pequeno manual para o sucesso de reuniões e participações em videoconferências:

Mini-Manual para Videoconferências

1. Chamada de Teste – Sempre que você for convidado ou precisar convidar alguém para uma reunião virtual, é interessante agendar uma chamada de teste dias antes da data para a realização do encontro. Isso ajuda a identificar problemas na configuração de sua câmera e de seu microfone e ajustar em tempo hábil sem prejudicar o andamento do compromisso.

2. Plano de Fundo – É importante preparar um lugar adequado em sua casa ou escritório remoto para que você transmita suas reuniões sem distrações visuais. Imagine alguém que faz uma reunião e no plano de fundo aparecem pessoas transitando e prateleiras com muitos arquivos, caixas e outros objetos. O ideal é que seja um plano de fundo neutro, com boa iluminação e sem muitos pontos de distração. O ambiente é parte da mensagem que você comunica, portanto, atenção!

3. Imagem pessoal – Esqueça tudo o que você ouviu sobre a combinação entre trabalhar de casa usando pijamas. Obviamente não será necessário fazer uma grande produção de vestuário, todavia, você precisa estar apresentável, já que sua imagem sempre chega na frente e contribui na formação da opinião das outras pessoas. Apresente-se de maneira profissional, afinal de contas, ninguém quer vê-lo de moletom!

4. Compartilhamento de tela – Limpe e organize sua área de trabalho e seja cuidadoso ao compartilhar sua tela durante uma videoconferência. Uma área de trabalho com arquivos soltos e desordenados apontam um profissional desorganizado e sem profissionalismo, colocando em dúvida até mesmo sua credibilidade.

5. Desative notificações – Outro ponto de atenção é lembrar de desativar os sons de notificações relacionados à caixa de entrada de seu e-mail, atualização de softwares e aplicativos de mensagens instantâneas, a fim de evitar interrupções desnecessárias e prejudicar sua apresentação.

No mais, lembre-se de que todos estamos aprendendo a lidar com o "novo normal" e que cada dia traz a oportunidade de recomeçar. Neste processo de adaptação a um novo ambiente, com fronteiras cada vez mais simbólicas e no qual estamos ainda mais próximos uns dos outros, o mais importante é cuidar de nossa saúde, seja ela física, mental ou emocional. Logo, tente criar estratégias para se aproximar das pessoas e se expressar de maneira positiva nas redes sociais. Seja um profissional de referência não somente pelo que você sabe, domina ou ensina, mas principalmente pela forma como você se relaciona com outras pessoas, acolhe e lida com as diferenças entre elas e você.

Conforme destaca Livermore (2012), você precisa transitar dessa teoria para a prática. Por isso, a fim de ajudar você a pensar com mais clareza a respeito de uma possibilidade de vivenciar profissionalmente uma outra realidade cultural, que tal registrar em seu livro o exercício abaixo?

Exercício para estimular sua inteligência cultural

1. Qual país ou cultura você tem interesse em conhecer mais profundamente? E por quê?
   _____
   _____
   _____

2. O que motivaria você a emigrar para esse país e viver uma experiência educacional e/ou profissional?
   _____
   _____

3. Quais conhecimentos serão necessários para que você compreenda melhor essa outra cultura?

_____
_____
_____

4. Como você vai se preparar ou se planejar para conseguir realizar a imigração de maneira correta e adequada?

_____
_____
_____

5. Quais comportamentos de sua cultura e que você expressa deverão ser adaptados para que você interaja bem com essa outra cultura?

_____
_____

Se você se sentir à vontade, pode compartilhar conosco sua experiência com o exercício reflexivo para estimular o despertar de sua inteligência cultural. Adoraríamos receber seus relatos no e-mail indicado ao final do livro. Bom trabalho!

> Quando olho para o outro enxergo a mim mesmo, porque no fundo o outro é apenas um reflexo de quem eu mesmo sou.
> — Marcela Brito

CAPÍTULO 3

Marcela Brito: vivendo a interculturalidade no Brasil

Às vezes, nossas histórias se cruzam na vivência de outras pessoas...

Minha primeira experiência intercultural é contemporânea a minha própria existência. E creio que a existência de todas as pessoas do mundo tenha um DNA intercultural. Somos frutos da diversidade que existe em cada canto do planeta.

Nasci em uma cidade pequena no sul do estado do Rio de Janeiro, cuja influência na culinária e no sotaque vem das Minas Gerais. Um bom carioca não reconheceria como conterrâneo alguém nascido em minha cidade.

Metade de minha raiz vem da Amazônia brasileira, da mãe que é neta de paraense com cearense e de uma bisavó que é neta de escrava com português. A perfeita mistura corre pelas minhas veias. Do lado sudeste de minha árvore genealógica, temos um pai negro, filho de avô e avó negros e, depois disso, muita miscigenação.

Quando criança, era atraída pelas histórias contadas por minha avó em sua varanda, nos fundos de sua casa e, à noite, ao redor de seu fogão à lenha, enquanto nos preparava chá de hortelã antes de dormir. Minha avó até hoje tem uma narrativa muito atrativa e, embora tenha pouco estudo formal, domina a arte do *storytelling* como ninguém.

Os melhores dias sempre eram aqueles quando faltava a energia elétrica e ficávamos todos no quintal, ouvindo a conversa dos adultos e quando minha avó gostava de relembrar suas memórias de infância, de quando seus pais se mudaram para nossa cidade e de como seus irmãos se casaram. Na família de minha avó, a miscigenação era uma constante. Um de seus irmãos se casara com uma bela jovem alemã, Helena Frech, sendo os primos nascidos desta união de pele e olhos claros.

Minha avó costumava ainda, naquela época de poucos recursos financeiros, cozinhar "fubá suado", uma iguaria culinária feita com farinha de fubá (na falta de dinheiro, a criatividade era uma grande aliada — comíamos vários tipos de comidas feitas com a farinha de fubá). Nos dias quentes, nós nos refrescávamos nas bacias de alumínio no fundo do quintal e, nos dias mais frios, tomávamos um mingau de fubá doce. Ainda sinto o gosto de tudo!

A casa de minha avó era uma casa de mulheres, portanto, minha referência para o feminino é tão emblemática, tão forte. Todas elas faziam de tudo: lavavam, limpavam, trabalhavam fora, criavam as filhas, brigavam muito, mas mantinham um estranho espírito de proteção mútua e, na dificuldade, se protegiam, se ajudavam. Um forte espírito maternal presente. Eu estou certa de que, de tudo que herdei das mulheres que compuseram minha infância, o espírito maternal sempre predominou.

Sempre fui muito apegada aos ritos familiares, refeições, celebrações, almoços de domingo e idas à missa com as primas e tias e às procissões da Semana Santa (às vésperas da celebração de Páscoa) com minha avó paterna. Minha avó não é um modelo de mulher tradicional, dessas que se casou na igreja. Ao contrário, ela era dona dela mesma. Casou-se com meu avô, pai de meu pai, e depois teve um namoro que gerou minhas três tias. Criou seus filhos, criou em parte as netas e se pudesse manteria todos debaixo de suas "asas". Essa é minha avó Corina, mãe de meu pai.

Ainda na infância, também tive contato constante com minha avó de Belém (Pará). Meu nascimento foi o evento que motivou a reconciliação entre ela e minha mãe. Por terem temperamentos muito similares, tiveram uma ruptura no relacionamento ainda na juventude de minha mãe. Ficaram anos sem contato, até meu nascimento. Desde então, minha avó materna me visitava constantemente e, sempre que vinha a nossa casa, me fascinava a possibilidade de crescimento, de estudo e de carreira, que ela falava quando fazia referência aos meus tios que eu não conhecia.

Minha avó materna me ensinou a transformar talento em trabalho. Ensinou-me artesanato (crochê, ponto cruz, vários tipos de bordados) e, com essa habilidade, ainda adolescente, produzia artesanato e vendia para as clientes de minha mãe, que era manicure. Com esses primeiros recursos, abri minha poupança e percebi que minhas habilidades poderiam resultar em benefícios materiais e imateriais.

Meu pai Carlos Henrique e minha mãe, Sônia. 1988.
Arquivo pessoal.

Nesse contexto, passei parte de minha adolescência imaginando o dia em que "bateria minhas asas e voaria para explorar outros horizontes", em busca de encontrar minha identidade, em outras pessoas, lugares e experiências.

Aos 16 anos, então, aceitei o afetivo convite dos meus avós maternos e me mudei para Belém, no Pará, na Amazônia brasileira. Belém, que no Brasil está em uma região do país menos desenvolvida economicamente, representa para mim a minha transição para uma vida mais autônoma, com mais conhecimento, com um olhar mais sensível sobre o mundo e as pessoas, além de ser o lugar que me inspirou a escrever meu primeiro livro.

Mudar-me para Belém no auge da adolescência era tão assustador quanto empolgante. Tudo era absolutamente diferente. Eu saí de uma cidade pequena, industrial, de pessoas, no geral, sem muita expectativa de mudança, para a chamada *metrópole da Amazônia*, a maior cidade da região norte do Brasil. Belém é uma linda mistura das culturas indígena, portuguesa e africana. E tanta diversidade ofuscou meus olhos, minha mente e meu coração. Os primeiros meses foram desesperadores. Nunca havia passado tanto tempo longe dos meus pais, da minha cidade, das minhas raízes... Não estava preparada para a mudança (e acho que nunca estamos!). Pensei várias vezes em desistir. Não me identificava com os irmãos de minha mãe, muitas vezes me sentia uma estranha e tudo que eu queria era dar um clique e passar o tempo para um momento futuro, no qual eu estivesse longe dali e dependendo unicamente de mim mesma.

Por ser filha da *ovelha negra* da família, da filha mais pobre e da filha rebelde de minha avó, constantemente eu era subjugada e tratada como se os erros da juventude de minha mãe recaíssem sobre mim como uma sentença, uma condenação, e como se em algum momento eu mesma os reproduziria. Esse sentimento provocado por meus tios me encheu de força e depois daquele momento de fragilidade me impulsionaram a ser alguém que contrariasse todas as apostas negativas.

Ao ingressar na universidade, decidi que eu faria valer todo o sacrifício de estar longe dos meus pais e a aposta dos meus avós em me proporcionar a oportunidade de mudar de vida. Portanto, os anos de faculdade foram os mais intensos de minha jornada na úmida Belém. Ao passo que eu me dedicava a me tornar uma estudante exemplar e engajada, todos os caminhos me levavam a explorar mais da cultura paraense e a decodificá-la. Quanto mais eu conhecia o jeito de ser do povo da Amazônia, mais me tornava uma autêntica pertencente àquele lugar.

Nessa época, eu cursava Comunicação Social/Jornalismo na Universidade Federal do Pará e Secretariado Executivo Trilíngue na Universidade do Estado do Pará. Eu andava de transporte público, conhecendo cada cantinho de Belém, da periferia às regiões mais nobres, sentindo o cheiro da cidade, fixando em minha mente suas paisagens tipicamente naturais e brasileiras, suando com a umidade tropical e pegando chuva na hora que ela era esperada. Meu romance com o Jornalismo foi interrompido por um emprego, que só me permitia permanecer estudando em uma faculdade e, naquele momento, eu abdiquei da Comunicação para seguir carreira no Secretariado.

Turma de Secretariado Executivo no
XVI Congresso Nacional de Secretariado. Brasília, 2008.

E nesse processo lindo de construção de autonomia e posicionamento de quem queria me tornar, pessoas especiais surgiram em meu caminho e foi o momento de conhecer aqueles que foram mentores informais em minha jornada. Antes de iniciar minha vida profissional, eu fui acompanhada ocasionalmente por uma consultora empresarial jovem e com muita maturidade e vivência, Caroline Benmuyal, que me convidava para tomar cafés e para almoços, dos quais eu retornava carregada de importantes lições e com muita inspiração para seguir em meu caminhar.

Eu a conheci por intermédio de um colega de faculdade que me indicou uma vaga de estágio em uma escola de idiomas, para atuar com a gerente de marketing. No dia da entrevista, esperei três horas por ela, mas me mantive firme e paciente. Quando ela chegou, pediu desculpas e me convidou para entrar em sua sala.

Passamos menos de meia hora juntas, no entanto, foi o tempo que mais me rendeu frutos. Depois da entrevista, a Carol se demitiu da escola de idiomas, mas disse que queria que eu a acompanhasse em outros projetos. Eu aceitei e embora nunca tenha havido um contrato e acordos sobre remuneração, eu a acompanhava em algumas reuniões e depois era orientada por ela. Eram as tardes mais bem "pagas" que eu tive, pois pude conhecer uma outra atmosfera da cidade, com suas possibilidades e estrutura de relacionamento e profissionais.

Convidei a Carol, então, para palestrar em um evento acadêmico na universidade e expliquei que seria voluntário. Ela aceitou e sua palestra foi um sucesso. A questão é que no dia do evento ela não foi sozinha. Ela foi acompanhada de uma amiga sua, Tânia Mamede, gerente de marketing de uma franquia da Blockbuster (isso mesmo!), a videolocadora norte-americana. Ao final do evento, ela me apresentou à Tânia e ambas falaram que não conheciam o curso de Secretariado e ficaram encantadas com a performance na organização promovida pelos alunos. Duas semanas depois, a Tânia me ligou me oferecendo uma vaga de estágio na Blockbuster, na área de marketing. Foi minha primeira oportunidade de trabalho formal e foi fruto de... relacionamento.

Na Blockbuster, fiquei um mês apenas, pois eu havia feito uma prova de concurso público um anos antes para uma empresa do governo e me chamaram para assumir o cargo. No dia em que me despedi dos meus chefes e os agradeci pela oportunidade e experiência, o Rafael Batista, responsável pela franquia da Blockbuster, me disse: "Você não tem perfil para trabalhar no serviço público! Por favor, não seja uma servidora pública que pendura o blazer na cadeira...".

Meu primeiro estágio na Blockbuster, Belém (PA), Brasil. Arquivo pessoal.

Eu nunca mais esqueci as palavras do Rafael. Como nunca esqueci o que a Carol fez por mim. Pessoas que sabem cuidar de pessoas têm o poder de transformar o mundo. Eles transformaram o meu. Eu nunca mais fui a mesma. Terminei a faculdade no mesmo ano que meu emprego havia se tornado limitado demais para meus sonhos. Dois anos, oito meses e uma chefe emocionalmente despreparada depois, decidi que era hora de mudar.

O ano era 2009. Eu acabara de me formar na faculdade e acabara de receber um prêmio da Universidade por ter produzido um trabalho de conclusão de curso considerado o melhor da área de secretariado executivo naquele ano. O tema era "A consultoria intercultural como uma proposta profissional para o secretariado executivo". O mesmo ano que criei um perfil no LinkedIn. O mesmo ano que meu amor (marido) me deu de presente meu primeiro blog (www.marcelaconceicao.com).

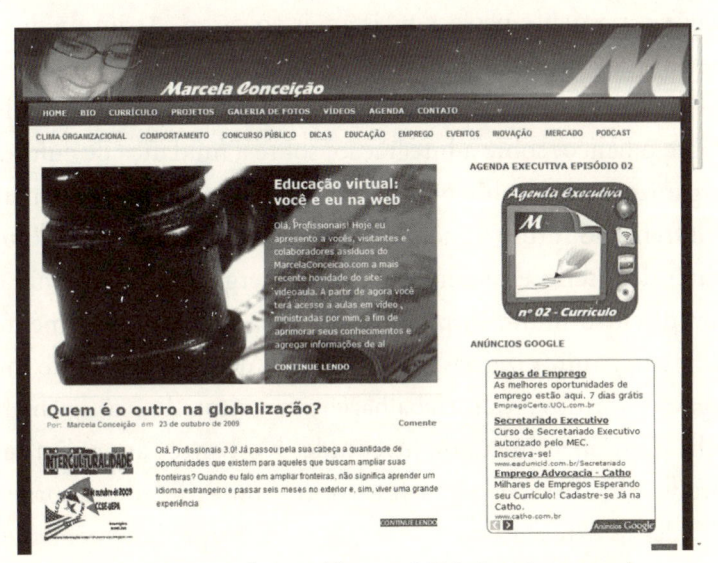

Primeira versão do meu blog em 2009. Arquivo pessoal.

Nesse mesmo ano, com poucos textos escritos em menos de três meses, eu recebera pelo formulário de contato do blog um e-mail de uma colega de universidade, que foi minha veterana, ou seja, que havia terminado a faculdade antes de mim, um convite para eu participar de uma entrevista para a vaga de secretária executiva do Superintendente Regional Norte do antigo Banco Real, que deixava de fazer parte do grupo holandês ABN AMRO Bank e passava, então, a integrar o Grupo Santander.

Era a oportunidade que eu queria. Sair de uma atmosfera de vícios e pouco profissionalismo no serviço público, com uma chefe emocionalmente despreparada, para um ambiente de alto padrão empresarial, com métricas bem definidas e a possibilidade de aperfeiçoar meu trabalho. Foi apenas um sopro de esperança. Em seguida, algo negativo me dizia que havia certamente pessoas mais aptas ao cargo. Assim mesmo, decidi responder o e-mail dela e aceitar.

Fiz a entrevista, depois de ter estudado tudo o que eu pude sobre o banco, sobre a integração, sobre a mudança de cultura organizacional e sobre o que seria esperado de mim. Ao sentar em frente ao futuro gestor, me deparei com um homem muito autêntico, sério e carismático. Uma energia muito vibrante e um discurso muito inspirador. Era uma realidade totalmente diferente. Sintonizamos. Duas semanas depois, ele mesmo me ligava para dizer que trabalharíamos juntos. Foi o dia mais feliz desse meu início de juventude. No banco, aprendi a ser profissional de verdade, a responder com agilidade, a corresponder às expectativas, a ser racional e, surpreendentemente, a nunca perder minha humanidade e minha alegria.

Foram apenas oito meses em um lugar onde imperavam o respeito, a cordialidade, a responsabilidade e o reconhecimento. Um lugar com muita história e muito carinho. Ângelo foi um líder inspirador e um mentor que tive em um momento decisivo de minha vida profissional.

Com o tempo, eu me questionava o porquê de nos lugares nos quais eu mais desenvolvia com plenitude meu trabalho, eu passava pouco tempo. Mais à frente, volto a falar disso.

Saí do banco novamente para o serviço público, desta vez para ser secretária executiva no Instituto de Tecnologia da Universidade Federal do Pará. Era também, mais que uma nova conquista profissional, um lindo reencontro com o lugar que me abraçou por dois anos como estudante. Dessa vez, eu regressava como servidora, para assessorar o maior instituto da universidade: o Instituto de Tecnologia, dirigido por... uma mulher. Imaginem o frio na espinha ao saber que seria novamente liderada por uma mulher. Veio à mente a primeira experiência, na qual sofri muitos abusos e adoeci, e acreditei por algum momento que mulher não sabia liderar.

E assim eu fui apresentada em meu primeiro dia à Profa. Maria Emília, minha nova chefe. Nosso primeiro encontro foi algo muito especial. Ela mostrou quem ela era e eu iniciei, ali, meu processo de cura emocional com a liderança feminina. A Maria Emília me adotou como filha e, mais do que isso, fomos grandes aliadas e parceiras no trabalho. Era um desafio também para ela, que começava sua gestão no instituto mais masculino da universidade, o qual congregava todas as faculdades de engenharia. Com ela, aprendi como uma mulher se posiciona mantendo o amor e a doçura. Aprendi como se negocia, como se faz respeitar, como se aprende a ouvir. A Maria Emília foi minha mentora também e adivinhem... fiquei apenas oito meses na universidade. Eu recebi a carta de convocação para assumir o novo emprego na Empresa Brasileira de Pesquisa Agropecuária no Rio de Janeiro no exato dia em que celebrávamos como equipe uma vitória: a realização do maior evento acadêmico do Instituto de Tecnologia, com a maior adesão estudantil dos últimos anos. Era uma celebração e uma despedida. Quando anunciei a convocação à Maria Emília, ela me disse: "Eu sabia que em algum momento eu perderia você. Você vai voar!". Naquele momento, comecei a entender que, quando eu concluo minha missão em um lugar, simplesmente sou transportada a um próximo nível.

E, assim, começa minha mudança mais profunda, pessoal e profissionalmente, a qual representou também um hiato nos meus projetos com produção de conteúdo e meu trabalho voltado aos estudos sobre a interculturalidade. Em 14 de outubro de 2011, embarcava para o Rio de Janeiro, a capital de meu estado natal, para iniciar a fase mais sênior de minha carreira. A mudança de volta para o Rio de Janeiro coincidiu com minha participação no Simpósio de Excelência em Gestão e Tecnologia (SEGeT), anualmente realizado nas Faculdades Dom Bosco, em minha cidade natal (Resende).

No evento, eu aprovei com um amigo o artigo científico "A cultura como fator estratégico para o planejamento de marketing internacional". E ali se firmava o trabalho voltado à cultura e à interculturalidade como esta competência essencialmente humana que nos torna tão iguais em nossas diferenças. Então, no Rio, iniciei minha terceira experiência profissional no serviço público, só que desta vez na empresa responsável por tornar o Brasil um país que tem na agricultura sua maior força econômica.

Na "Cidade Maravilhosa" (como é chamada a cidade do Rio de Janeiro), vivi dois anos e, neste período, casei, meu marido se mudou de Belém para Brasília, a capital federal, para trabalhar na mesma empresa, e também engravidei de minha filha. Tive uma chefe na empresa que se recusou a me dar a transferência, tampouco me apoiou no pedido de transferência de meu marido para o Rio. Foram nove meses de gestação que me provaram que eu posso enfrentar qualquer coisa porque quando nos vemos frágeis é que descobrimos nossa maior força e resistência.

Após o nascimento de minha filha Elisa, passei o primeiro mês no Rio e decidi que me mudaria para Brasília, apesar da posição da empresa em não me transferir oficialmente. Cheguei, então, a Brasília no dia 10 de novembro de 2013 com meu pequeno anjo nos braços, para começar uma vida totalmente adulta, como esposa, mãe, mulher e tantos outros papéis que assumimos ao longo da vida.

Meu marido, Victor Brito, e nossa filha Elisa.

Na tentativa de me encontrar na maternidade, eu lutava para ter um reencontro comigo mesma depois de tantos acontecimentos. E foi então que, após os seis primeiros meses de minha bebê, eu me reconciliei comigo e entendi, enfim, que eu não era mais a mesma pessoa. Eu era muito diferente, porém mais fortalecida, mais madura, mais destemida. E decidi retomar o romance com as letras, as linhas e a caneta. Nesta fase, produzi um e-book sobre maternidade e decidi tornar meu premiado trabalho acadêmico em algo mais próximo das pessoas, mais prático. E segui meus estudos e pesquisas sobre a interculturalidade. Nascia meu primeiro livro, que originou todos estes mágicos encontros que vocês conhecerão nas próximas páginas.

Meu primeiro livro, *Secretariado intercultural: como auxiliar empresas e profissionais em negócios no exterior*, foi lançado em fevereiro de 2015. Nos anos seguintes, o mundo se abriu em lindas oportunidades para mim. Levar um pouco de minha jornada até outras pessoas era excitante e a realização de um sonho de criança.

Primeiro veio o convite de minha primeira estagiária de Brasília para que eu palestrasse sobre o livro no evento da faculdade onde ela estudava, em maio de 2015, na mesma época que recebi o convite para coidealizar um comitê de profissionais no Distrito Federal. Depois, veio o convite para palestrar em minha cidade natal, quando uma de minhas primas me pediu para compartilhar essa vivência com meus conterrâneos, em julho de 2015, rendendo até entrevista na rádio local. Em seguida, no exato dia da palestra em minha cidade, recebi uma mensagem privada via Facebook da coordenadora do curso de Secretariado da Uninter de Curitiba (mesma instituição onde cursei meu curso de especialização), à época a Professora Vanderleia Stece, de quem eu tinha um livro e que carinhosamente acompanhava nas redes sociais. Uauuuuuuu! Que honra! Um convite vindo de uma instituição tão séria e da qual havia sido estudante na pós-graduação.

Eu realmente não sabia como tantas coisas maravilhosas poderiam acontecer a partir do momento em que você abre parte de sua jornada para o mundo por meio de uma publicação. E, depois disso, foram vários encontros, convites, oportunidades (até mesmo na docência) e a certeza de que eu estava vivendo o que desejara anos antes quando tive certeza de que minha bucólica cidade já não mais conseguiria me satisfazer por completo.

Eu sempre quis que minhas ideias fossem compartilhadas, sempre gostei de ouvir as pessoas e saber como elas viviam. O livro me permitiu fazer isso. E vários desses encontros levaram a minha teorização sobre a interculturalidade até pessoas que viviam isso na pele, todos os dias e, que por alguma razão, compreendiam o que eu queria dizer com a necessidade de decodificar a experiência pessoal ou profissional internacional.

Então, uma a uma, todas as histórias que você lerá a seguir representam um encontro providencial entre teoria e prática, entre país de origem e destino, entre quem pesquisa e quem vive na pele. É a perfeita celebração do conhecimento vivo, que nasce do fazer diário, dos desafios encontrados onde menos se espera, quando paradigmas previamente construídos são quebrados e quando entendemos que cada ser em si é um complexo universo, que só se desvenda quando se permite conviver, entender suas limitações (como aquelas que também temos) e se dispor a aprender e ensinar, em uma troca de afeto e tolerância.

Preparados para embarcar nesta viagem? Talvez não se pareça em nada com o que você imaginava, porém certamente vai levá-lo a pensar em muitas questões que, na maioria das vezes, não cremos que tenha alinhamento com este tema. Convido você a mergulhar neste universo conosco.

Ao atravessar o Atlântico, encontrei-me em outra alma brasileira no coração de Madri...

Em abril de 2016, vivi a primeira experiência internacional intercontinental de minha vida. Era uma viagem sem meus pais, sem meu marido, sem minha bebê. A dor de ficar uma semana longe da família era tão intensa quanto a felicidade de conhecer parte do Velho Mundo. Embarcávamos no dia 8 de maio para Madri, partindo do Aeroporto Internacional de Guarulhos, em São Paulo.

Era a imersão proporcionada pelo *Programa Internacional de Secretárias da Alta Direção*, promovido pela Pepita Consultoria. Incrivelmente naquela mesma viagem, cuja seleção das participantes do programa era feito pela companhia aérea parceira, eu reencontrei minha querida amiga de faculdade, Isabela Ribeiro, com quem me graduei no Pará e que havia se mudado para o Rio de Janeiro justamente no período que eu estava para dar à luz Elisa e, logo em seguida, me mudar para Brasília.

Foi uma viagem muito especial, cheia de atividades de exploração da arte, da língua, da cultura e das influências daquele país. Passamos sete dias em imersão e conhecemos Madri, Toledo (a cidade medieval) e Sevilha, na região de Andaluzia. Tudo que eu escrever aqui será muito pouco para expressar o que eu senti com aquela experiência. Era tudo tão lindo, tão diferente e, na essência, tão igual.

Em cada passeio, eu sentia um sentimento incrível de pertencimento àquele lugar até então desconhecido, àquela história que eu aprendia a cada nova visita a um museu ou hotel parceiro da empresa que promoveu o treinamento. A interação com os espanhóis, com a culinária, com a música e a dança, especialmente a flamenca, na qual me arrisquei a aprender uns passos... tudo era mágico!

Em nosso segundo dia de viagem, ainda em Madri, a Pepita organizou um Encontro Intercultural no Hotel Intercontinental entre as secretárias do Brasil e duas secretárias da Espanha.

Foi um momento muito enriquecedor e quem poderia imaginar que nessa ocasião minha história se cruzaria com a história de outra brasileirinha?

Das duas secretárias do lado espanhol, uma pertencia a um grupo financeiro de investimentos e era colega de empresa de uma participante de nosso grupo e a outra era brasileira e trabalhava em um escritório de advocacia em Madri. Natalie, a brasileirinha, foi muito gentil e falou brevemente sobre sua experiência e seus desafios.

Éramos onze secretárias do Brasil e todas estavam muito empolgadas em conhecer nossas colegas do lado espanhol. Não deu para falarmos muito com a Natalie naquela noite, porém percebemos que nos reconhecemos profissionalmente nas dores do dia a dia de trabalho e no desafio de fazer sempre a melhor entrega que podemos. E eu ainda pensava em como deveria ser enlouquecedor fazer tudo o que eu fazia na profissão em um contexto cultural totalmente diferente...

Ao final daquele encontro, a Pepita sorteou um exemplar de meu livro *Secretariado intercultural* e adivinha quem foi contemplada? Sim! A Natalie ganhou meu livro e naquele instante um pedacinho meu ficou com ela lá na Espanha. Você pode até não acreditar em destino, providência divina, entretanto, para mim, a vida da Nat e a minha se entrelaçaram naquela ocasião.

Logo depois nos conectamos pelas redes sociais e, ainda que não houvesse muita interação, já estávamos na rede uma da outra, e na vida também.

Mal eu sabia que alguns anos depois a experiência da Natalie me chamaria a atenção e me incentivaria a convidá-la a fazer parte de um movimento para mostrar às pessoas a outra face do viver e trabalhar em outro país. A vivência dela é muito rica e, sabendo disso, eu não poderia deixar esta história de fora destas páginas. E cá estamos, você e eu, no futuro, que começou a ser escrito lá em 2016.

E, por meio do LinkedIn, o passado e o futuro se unem no presente entre Oriente e Ocidente...

Eu sempre fui muito apaixonada pelo poder de conexão das redes sociais. O LinkedIn então tem sido uma das grandes referências quando o assunto é conexões poderosas para aprendizado, relacionamento profundo e criação de conteúdo de qualidade. A segunda história de sinergia que deu origem a este livro veio um dia após meu aniversário de 30 anos (quer presente melhor?), em 27 de junho de 2017. Você pode conferir as primeiras palavras que troquei com a Claudia Eleutério na imagem a seguir:

> **Claudia Eleutério Gomes** · 1º
> Academic Manager
>
> ——— 27 DE JUN DE 2017 ———
>
> **Claudia Eleutério Gomes** · 04:10
> Prezada Marcela,
> Meu nome é Claudia Eleutério, sou secretária executiva de formação e, por morar e trabalhar no Japão me interessei pelo tema da interculturalidade. Por isso gostaria de me conectar à sua rede. Desde já agradeço sua atenção
> Claudia
>
> Claudia Eleutério Gomes agora é sua conexão.
>
> **Marcela Brito** · 10:56
> Claudia, querida! É com alegria que aceito você em minha rede! Se preferir, podemos agendar um skype. Me adicione: marcela.conceicao

Não é pela rede social em si, mas como você a utiliza. Eu realmente uso o LinkedIn para potencializar os meus relacionamentos. E, ao longo da minha carreira, tenho conhecido e convivido virtualmente (até trabalhado virtualmente) com vários profissionais em vários lugares do mundo. Naquele dia, eu pensei: "Meu Deus, como é possível o livro ainda atrair tantas pessoas? E agora alguém que mora no Japão!!!".

Após nossa conexão, a correria da rotina diária voltou a prevalecer por mais alguns dias. Naquela época, eu estava me preparando para ir a São Paulo no fim de julho e início de agosto para palestrar em uma Master Class, um evento privado cujo objetivo era colocar as próprias profissionais de secretariado como palestrantes para trocarem experiências umas com as outras. Quando recebi a programação fechada com os temas e nomes das palestrantes, como pensam que eu meu senti quando vi o nome da Claudia na programação? Em um primeiro momento, jurava que ela estaria presencialmente. E logo depois notei que sua participação aconteceria por videoconferência. E, mais uma vez, pensei: "Como eu amo o que a tecnologia proporciona quando a finalidade é promover educação!".

No momento da palestra da Claudinha, fiquei encantada com sua eloquência, capacidade de comunicação, assertividade... uma verdadeira educadora. E, ao final de sua fala, ela teve a generosidade de indicar meu trabalho com interculturalidade para o público participante. Pronto! Era o que eu precisava para seguir em contato com ela. Depois do evento, não paramos mais: foram videoconferências por Skype, Hangouts, muitas mensagens de WhatsApp... Já em nosso primeiro encontro virtual formal, eu a convidei para iniciarmos um projeto com as experiências dela fora do país. Isso mesmo! Foi com ela que a proposta surgiu. E ela abraçou imediatamente, talvez inconscientemente ainda, porém com muito entusiasmo.

A ideia se expandiu e este livro é fruto do enorme desejo de levar a vocês um retrato mais fidedigno da realidade, ainda que particular, do viver fora de seu país de origem, do arriscar-se em um desafio profissional no exterior. Eu costumo dizer que nós aprendemos muito mais com os erros e acertos das outras pessoas e isso é o que chamamos no mercado de *mentoria* ou *mentoring*. Portanto, este livro é uma verdadeira mentoria coletiva de profissionais de carne e osso, com seus medos e anseios, com seus aprendizados e experiências desafiadoras sendo oferecida a você, leitor, que deseja uma mudança, que vislumbra esse tipo de vivência e não sabe por onde começar.

A Claudia foi a primeira pessoa que abraçou com amor este projeto e é por isso que vocês precisam saber disso. A vivência dela talvez seja uma das mais diferenciadas, dada a complexidade da cultura em que ela vive hoje, na Ásia, que é um continente de cultura milenar que encanta e assusta. A diversidade que ela vivencia no Japão se traduz na generosidade que ela tem de dividir isso com todos nós!

É um privilégio caminhar ao lado de mulheres como a Claudia, que ao passo que lideram com responsabilidade suas vidas e carreiras, também não hesitam em pedir ajuda e um ombro amigo nos dias mais difíceis, ainda que seja apenas para ser ouvida e se sentir abraçada, mesmo que virtualmente, em uma prova viva de que a tecnologia também pode mediar e proporcionar o acolhimento e a prática daquilo que temos de mais humano: nossa capacidade de nos reconhecer na dor do outro.

E eu me reconheço na força da ancestralidade africana que gera mulheres de luz...

Dias depois de meu aniversário de 30 anos, recebi um presente em forma de correio eletrônico em minha caixa de entrada. Uma mulher chamada Paula Moio, residente em Londres, me envia uma mensagem solicitando uma remessa de livros para levar a um grupo de assistentes executivas em Angola, para as quais ofertaria um seminário no mês de novembro.

```
Livro Secretariado Intercultural
        De           Paula Moio
        Para         livro@marcelabrito.com
        Responder para
        Data         2017-07-10 12:49

De: Paula Moio
Profissão: Assistente Executiva Bi-lingue

Cidade
Londres

Profissão:
[text your-subject]

Telefone:
[tel* tel-428]

Forma de Pagamento
Cartão de crédito

Observações
Prezada Marcela,
Euco-desenhei um curso para Assistentes Executivas em Angola estou muito interessada em comprar 10 livros seus.
Poderá por favor dizer-me, atravez do email acima, como poderei adquiri os seus Livros?
Grata pela ateção.
Paula
--
Este e-mail foi enviado de um formulário de contato em Marcela Brito (http://www.marcelabrito.com)
```

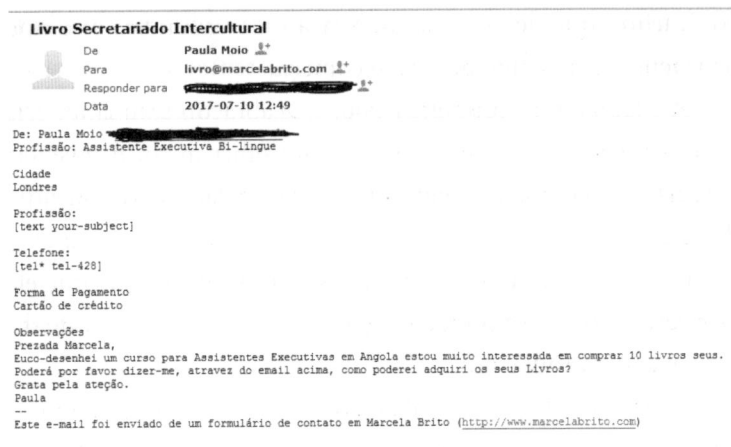

Foi o início de um relacionamento de muito carinho, parceria, amizade e empoderamento, no mais profundo sentido que esta palavra possui. No dia seguinte, enviei uma mensagem privada à Paula pelo LinkedIn confirmando o recebimento do e-mail e agradecendo-lhe pelo contato. Senti-me muito privilegiada pelas conexões que se faziam reais a partir da publicação do livro sobre a habilidade intercultural.

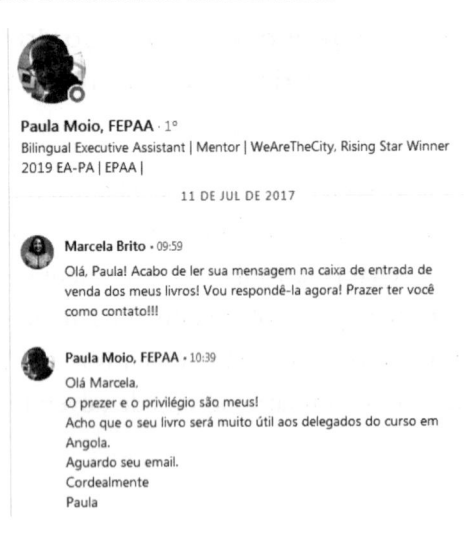

Paula Moio, FEPAA · 1º
Bilingual Executive Assistant | Mentor | WeAreTheCity, Rising Star Winner 2019 EA-PA | EPAA |

11 DE JUL DE 2017

Marcela Brito · 09:59
Olá, Paula! Acabo de ler sua mensagem na caixa de entrada de venda dos meus livros! Vou respondê-la agora! Prazer ter você como contato!!!

Paula Moio, FEPAA · 10:39
Olá Marcela.
O prezer e o privilégio são meus!
Acho que o seu livro será muito útil aos delegados do curso em Angola.
Aguardo seu email.
Cordealmente
Paula

Talvez nem eu mesma, àquela altura, pudesse imaginar a dimensão do trabalho que nasceu da tentativa de resolver internamente meus conflitos com uma nova cultura dentro do Brasil. Sim! Em nosso próprio país de origem é possível exercitar a tolerância, a empatia e a interação entre aspectos culturais diferentes.

Como um rio de águas correntes e límpidas que deságua no mar naturalmente em seu tempo, assim foi a amizade que se fortaleceu entre a Paula e eu. Ela, em um falar muito manso, muito doce e, ainda assim, cheio de firmeza e assertividade, me trouxe muita alegria e entusiasmo para absorver os ensinamentos que eu precisava para amadurecer alguns aspectos de minha atuação.

Coincidentemente, a Paula surgiu em um momento de definição em minha carreira, quando comecei a ser abordada por vários profissionais da área de secretariado e afins para que os orientasse quanto à carreira e quanto a decisões importantes na vida pessoal que gerariam impacto direto na vida profissional. Paula, que também é mentora, despretensiosamente me mostrou o caminho das pedras para que eu fosse forjada nesta atuação em relação aos meus mentorados.

O relacionamento com ela e as trocas de experiências e boas práticas profissionais expandiu minha mente para um nível mais elevado, no qual não há espaço para competitividade (tão comum na atuação secretarial e suas linhas transversais), tampouco para lamentos e egocentrismos. Toda conversa que Paula e eu estabelecemos traz um viés com olhar futuro, sobre o que podemos fazer para apoiar o crescimento das outras pessoas.

O lindo projeto em parceria com a Academia BAI, de Luanda, Angola, que realizou para os assistentes executivos angolanos, nos apresenta a força de quem ela por essência é: alguém que entendeu o *cosmopolitismo* para além das fronteiras geográficas e, sim, como a prática filosófica de que o mundo é apenas uma única nação e que a humanidade está conectada por um simples propósito, de se apoiar mutuamente, como meio para a manutenção do equilíbrio para a evolução de nosso *habitat*.

Paula integrou esta linda e profunda iniciativa alguns meses após o início oficial dos trabalhos. Ingressou neste grupo como a cereja que se coloca no topo do bolo (uma expressão muito comum no Brasil para fazer alusão a algo muito bom que fica ainda melhor), com seu coração aberto e com muito profissionalismo e desejo de influenciar as pessoas pelo amor e pelo respeito à diversidade.

Após trocar algumas conversas com a Claudia sobre escrever algo que unisse a teoria sobre interculturalidade à vivência dela no Japão, pensei: por que não convidar outras profissionais em outros países para dividirem suas histórias em relatos de experiências?

Minha maior alegria foi quando convidei todas individualmente e aceitaram embarcar comigo nesta aventura, em um mar agitado, sempre agitado, mas com muito desejo de ajudar as pessoas a entenderem os bastidores de uma mudança para outro país.

Abraçar o desafio de uma vivência internacional na vida e no trabalho é algo que só poderia explicar quem viveu ou vive. Portanto, sintam-se privilegiados por receberem o tempo, a energia, a coragem e a generosidade dessas incríveis profissionais que entraram em minha vida por intermédio dessa competência tão indispensável no mundo do futuro, que se faz presente: a interculturalidade.

No momento que este livro está sendo concluído, estamos entrando na segunda onda de aumento no número de casos da Covid-19 no Brasil. Dois mil e vinte tem sido um ano particularmente desafiador e, quando completamos mais de dois anos juntas neste processo, compreendemos que chegamos até onde deveríamos estar, com as pessoas que tinham que estar. Cada pessoa reagiu de maneiras diferentes a esta jornada de imersão, autoconhecimento e expansão da consciência individual e coletiva provocada pela pandemia.

Por outro lado, eu sinto que embora não tenha sido um ano fácil, certamente foi um ano de muito crescimento, de muito foco, de um ano praticamente inteiro que tive a alegria de passar todos os dias integralmente ao lado de meu esposo e de minha filha. O último dia antes do início da quarentena oficialmente decretada pelas autoridades de meu estado, consigo lembrar de meu pensamento mais íntimo (nos dias que deixava minha filha na escola e ia para o trabalho): "Eu só queria ter mais tempo em casa com minha filha!"

Na noite desse mesmo dia, o decreto foi publicado e as aulas imediatamente suspensas. E eu mal pude acreditar. Poucas pessoas tiveram esse privilégio. E eu fui uma delas. Senti-me como se contemplada com o prêmio máximo da loteria. Enfim, eu teria mais tempo, brincaria, cozinharia, assistiria a filmes, poderia ler, fazer tudo não só com qualidade e, sim, com quantidade de tempo.

Não consigo compreender claramente tudo o que a pandemia proporcionou, todavia aceito e acolho tudo o que aconteceu com gratidão e leveza, porque tive a oportunidade de ter um desejo íntimo e doloroso realizado. Na reta final da construção coletiva deste livro, eu também adoeci. Recebi o melhor e o pior da Covid-19 e sei que aprendi muito.

Não há exercício melhor de empatia do que viver a dor que outros viveram. Sentir na pele, literalmente, os danos causados por uma doença ainda tão controversa, me fez lembrar de que não estamos no controle de absolutamente nada. Nós tentamos e, muitas vezes, cumprimos bem esse papel. Entretanto, nada está em nossas mãos. E está tudo bem, porque quando aceitamos que muita coisa não depende somente de nosso suor, a natureza se faz mais presente.

E este livro aconteceu assim, fruto de uma relação de amor, respeito, sororidade, empatia e, principalmente, amizade. Chegamos até aqui porque respeitamos o tempo individual e coletivo e o curso da natureza, à qual delegamos a soberania sobre o tempo e o espaço. A nós, cabe somente o sentimento de gratidão e uma alegria que não cabe no peito por fecharmos este ciclo dividindo nossas lutas, conquistas, dores e alegrias que, agora, deixam de ser apenas nossas e se tornam públicas.

Cada linha foi cuidadosamente escrita e revisada pensando em vocês, em como receberiam, em como se sentiriam e em como, especialmente, reagirão, após este mergulho nos relatos de experiência.

Não existe
certo x errado
normal x estranho
somos apenas seres
culturalmente
#DIFERENTES#
diferentes
que temos muito
a aprender ♥ uns com os
outros

— Natalie Falarara Gampires

CAPÍTULO 4

Natalie Falarara Gampires: o florescer profissional na Espanha

QUANDO ME PERGUNTAM SE EU SEMPRE SOUBE QUE QUERIA ME tornar uma secretária executiva, a resposta é não. Na verdade, eu tinha um sonho bastante diferente e atípico desde criança, que era ser vulcanóloga e trabalhar para a NASA (sério!). Eu ficava horas lendo sobre Geologia[1] e Sismologia,[2] submergida entre recortes de revistas e livros da biblioteca, enfim, tudo o que eu pudesse aprender sobre o tema. Quando cheguei à conclusão de que não seria possível estudar Geofísica[3] por vários fatores aleatórios a minha vontade, eu decidi que o momento de seguir outra carreira havia chegado.

Comecei a trabalhar muito cedo conciliando o trabalho com os estudos. Meu salto ao secretariado se deu no primeiro ano na universidade como estagiária, depois veio o posto efetivo, de uma empresa passei a outra até a expatriação e agora, há

---

1 Geologia: Ciência que estuda a origem, história, vida e estrutura da Terra.
2 Sismologia: Ramo da Geofísica responsável por estudar os sismos, ou seja, terremotos e demais abalos de terra, as suas causas e consequências.
3 Geofísica: Ramo da Geologia que investiga os fenômenos físicos que afetam a Terra, tais como gravidade, magnetismo, sismicidade, fenômenos elétricos.

seis anos exercendo a profissão fora do Brasil. Mas antes de chegar lá eu gostaria que vocês conhecessem um pouco mais sobre mim e minha trajetória até aqui.

Eu vim de uma família com poucas possibilidades, cresci com poucos recursos, mas concentrei todos os meus esforços nos estudos. Sempre tive o apoio de minha mãe, que fez toda a diferença no processo de construção de minha carreira e nas decisões que eu tomei até hoje. E quando eu recebi a inesperada ligação da Universidade Metodista de São Paulo no dia 13 de fevereiro de 2007 (dia do meu aniversário) oferecendo-me uma das duas bolsas integrais disponibilizadas ao PROUNI (Programa Universidade para Todos do Governo Federal) para aquele ano no curso de Secretariado Executivo Bilíngue, foi um momento muito especial para mim e eu me dediquei de forma veemente a ele.

No final de 2007, veio meu tão esperado estágio. Deixei o trabalho fixo que eu tinha e mergulhei de cabeça no posto de estagiária na presidência de uma grande companhia aérea nacional onde eu trabalhava com a secretária do presidente e ajudava as secretarias de vice-presidência. Lidar com executivos de cargos tão altos desde o princípio me fez mais perfeccionista e detalhista do que eu já era, cada vírgula importava. Depois de oito meses, recebi uma proposta do assessor financeiro que se tornaria diretor e precisaria de uma assistente. Deixar a presidência foi uma escolha difícil, mas a possibilidade de efetivação, portanto estabilidade, e o desafio de trabalhar independentemente a partir daquele momento, resultando em um aprendizado significativo, foi crucial para que eu tomasse a decisão. O que eu não sabia é que essa escolha me levaria um ano mais tarde a fazer gestão e assistir não apenas aquele diretor, mas toda a diretoria financeira da mesma empresa composta até então por cinco diretores e a gerência geral de Relações com Investidores. Foi nesse departamento que eu tive pela primeira vez contato direto com estrangeiros, embora meu primeiro contato com outra cultura acontecesse aos meus catorze anos, quando eu ingressei em um curso de língua francesa.

Estagiária da Presidência, 2008 (Arquivo pessoal)

Secretária da Diretoria Financeira, Contabilidade e Relações com Investidores, 2009 (Arquivo Pessoal)

Graduei-me em dezembro de 2009 e, uma vez que consegui o registro de profissional de secretariado na SRTE,[4] decidi que era o momento de buscar uma recolocação em alguma empresa que me reconhecesse como secretária-executiva na carteira de trabalho, o que de fato ocorreu em maio de 2010 quando me uni à equipe de Pessoa Jurídica de um dos maiores bancos privados brasileiros. Além do reconhecimento, eu desenvolveria durante os quase cinco anos seguintes que estive ali uma infinidade de novas tarefas que agregavam e preenchiam o que eu estava buscando para enriquecer minha experiência. Em 2011, concluí minha pós-graduação em Gestão Empresarial. Foi em 2012, entretanto, que eu me senti preparada para dar aquele grande passo que vinha planejando há três anos: aprimorar meu inglês fora do Brasil. Sabia que era importante e que me traria uma experiência enriquecedora, então pedi uma licença não remunerada na empresa e em agosto de 2013 embarquei para Toronto, Canadá.

Graduação Curso Secretariado Executivo Bilíngue, Universidade Metodista de São Paulo, 2009

---

4 SRTE: Sigla para Superintendência Regional do Trabalho e Emprego. Órgão responsável por fiscalizar o cumprimento das Leis do Trabalho.

Toronto, 2013 (Arquivo Pessoal)

Eu tinha bastante clara a intenção de voltar para o Brasil e continuar a construção de minha carreira porque senti que naquele momento eu já estava atingindo os meus objetivos, porém tudo realmente mudou no Canadá, não apenas minha fluência no idioma, mas minha mentalidade e minha visão de mundo. O fato de ter viajado sozinha e ter me afastado de pessoas que falavam o mesmo idioma me obrigou de certa forma a fazer uma profunda imersão na cultura e na língua por meio da convivência com nativos e pessoas de outros países. Trouxe-me uma mistura inusitada de novos sentimentos, ajudou-me a desenvolver mais habilidades sociais, colocou-me na linha de frente, fez-me perder a vergonha e a timidez e me trouxe coragem não apenas para ir atrás do que eu queria, mas para me expressar e me posicionar. Marcou, portanto, meu grande encontro com o empoderamento, no qual eu alcancei um nível de independência e autonomia diferente do que eu havia experimentado até então.

Mesmo pouco depois de terminar a faculdade e a pós-graduação, eu não tinha a menor ideia de que moraria em outro país, mas a experiência no Canadá foi como provar um pedacinho de algo que eu não imaginava que teria quando era pequena. Também foi ter a confirmação de que eu podia muito mais do que achei que era capaz, foi descobrir que a única coisa que nos separa e nos limita de realizar nossos sonhos é o medo e a falta de confiança em nós mesmos. Eu queria mais!

Na verdade, a Espanha não estava nos meus planos. Em 2014, eu estava motivada a imigrar para o Canadá, o país da diversidade e das oportunidades. Porém, com o passar do tempo, comecei a ter aulas de castelhano com uma professora espanhola (de Madri), o que despertou meu interesse na Espanha, e logo, devido a uma relação afetiva, mudei de ideia e comecei a fazer pesquisas sobre formas de imigração para a Espanha.

Ainda no Brasil, continuei trabalhando no banco durante mais oito meses, período no qual eu aproveitei para fazer meu planejamento financeiro e realizar pesquisas exaustivas sobre o mercado de trabalho espanhol via rede social e portais de trabalho e em *blogs* e jornais locais.

Havia muito que aprender, muito que eu queria explorar. A princípio, a cultura espanhola soava muito parecida a nossa e a oportunidade de aprender outro idioma vivenciando-o era fascinante.

•

Em 2014, ainda havia um pouco de instabilidade no mercado de trabalho espanhol, de acordo com o que as pessoas me falavam. Segundo os próprios nativos, as pessoas ainda estavam em processo de recuperação da crise econômica que abalou o país em 2008, muitos jovens formados ainda tentavam entrar no mercado de trabalho competindo com aqueles que haviam sido demitidos e que lutavam por uma recolocação e, portanto, definitivamente não era o melhor momento para imigrar, mas ainda assim eu persisti. Então, baseada nas minhas pesquisas, minha primeira alternativa foi tentar me inscrever em um programa de *au pair*, já que não exigia um investimento muito alto, mas para minha surpresa já não era possível pela minha idade — até esse momento os programas de *au pair*[5] na Espanha aceitavam apenas mulheres com menos de 26 anos.

Como havia uma segunda alternativa, percebi que embora fosse requerido um investimento maior seria mais fácil imigrar com um visto de estudante por três razões: a primeira, porque eu já havia feito um processo parecido para o Canadá no ano anterior, estava familiarizada com alguns procedimentos, as pesquisas necessárias acerca da escola e família mais adequada, conseguir a carta de convite, entre outros. A segunda, porque me daria algo de tempo para saber se eu seria capaz de me adaptar à nova vida, à rotina e ao país. E terceiro e mais importante: porque me permitiria aprender o idioma, suas destrezas, praticar, fazer amigos e pouco a pouco ir ganhando meu espaço. Em vista disso, optei por inscrever-me em um curso de oito meses de castelhano que incluía o curso de preparação e a prova de certificação do DELE.[6]

---

5 *Au pair* é uma expressão da língua francesa que significa "ao par" ou "igual" e tem sua origem na ideia de paridade econômica entre serviços trocados. Originalmente, referia-se ao trabalho fornecido em troca de alojamento e comida, com ou sem remuneração.

6 DELE é o exame oficial de Espanhol como Língua Estrangeira com seis níveis — A1, A2, B1, B2, C1, C2 — sendo A1 o mais básico e C2 o mais específico, exigido para quem ingressa na universidade de medicina daqui, por exemplo, e que tem validade em todo o território espanhol e nos países listados no Instituto Cervantes.

O curso e a prova do DELE tinham um custo bastante elevado, mas a princípio tudo parecia necessário. Eu pensei na importância que os certificados CAE,[7] IELTS[8] e etc. têm nos países de língua inglesa até mesmo para conseguir um trabalho de acordo com relatos de alguns amigos, então mergulhei de cabeça no DELE e dei o máximo de mim. Minha imersão na cultura espanhola e seus costumes me ajudaram imensamente a conseguir uma ótima pontuação, o que fez valer a pena naquela época. Para minha surpresa, entretanto, ao longo desses cinco anos a dita certificação nunca saiu da gaveta, nunca foi solicitada para nada embora tenha sido um documento imprescindível para a solicitação da nacionalidade espanhola. Dessa forma, quando me perguntam se recomendo investir tempo e dinheiro nesse certificado, eu diria que dependerá muito das necessidades de cada pessoa porque ele não é imprescindível para o processo de imigração ou para conseguir um posto de trabalho, como acontece em alguns países.

Além do curso, tive que contratar um seguro de saúde com uma cobertura mínima — um dos requisitos obrigatórios do processo. Assim, com a confirmação da escola, a carta de convite e o seguro comprado, pude fazer a solicitação do visto, processo que preferi fazer diretamente com o consulado espanhol em São Paulo a fim de otimizar gastos. Foi um processo exaustivo, porém rápido: em um mês, obtive o visto aprovado. Adicionalmente, providenciei todos os documentos que eu poderia necessitar (até mesmo

---

7 CAE é a sigla correspondente a *Certificate in Advanced English* e refere-se a um certificado destinado àqueles que desejam um certificado da língua inglesa em um nível mais avançado.

8 IELTS é uma sigla que significa *International English Language Test System* e corresponde a uma certificação internacional reconhecida mundialmente entre os mais importantes comprovantes de conhecimento da língua inglesa.

carteira de vacinação) e enviei meu diploma da universidade a Brasília para apostilamento,[9] assim teria validade na Espanha. Enfim, tudo estava organizado e preparado, menos meu coração. Foi sem dúvida um dos momentos mais difíceis de minha vida porque já não era apenas o falar, o planejar ou o sonhar... Esse momento era para valer e, portanto, lidar com a despedida daqueles que estavam sempre ao meu lado dia após dia, também com minhas inseguranças e medos, solidão e saudade que estavam por vir, era abandonar tudo que me rodeava e me engajar nessa aventura sozinha, sabendo que coisas boas e ruins aconteceriam porque assim é o curso da vida, mas que eu na maioria das vezes não estaria presente. Acredito que não somos de todo conscientes de todas essas coisas até quando o momento chega. Eu lia muito sobre as experiências de outras pessoas, porém sentir na pele foi bastante diferente.

Ao mesmo tempo, a sensação de começar tudo do zero não me assustava mais, gerou uma boa expectativa, isso me surpreendeu. Eu sabia que teria mil desafios pela frente, no entanto, mil oportunidades a mais para abraçar e independentemente do que acontecesse no futuro eu estava decidida a aproveitar cada minuto e fazer valer a pena: aprender, construir, reconstruir, reafirmar, estruturar, reestruturar. E foi assim que eu embarquei naquele avião prestes a descobrir um novo "eu" a pouco

---

9   Apostilamento: Termo utilizado para referir-se ao certificado emitido nos termos da Convenção da Apostila de Haia, que autentica a origem de um Documento Público. O tratado, assinado no segundo semestre de 2015 pelo Brasil, tem o objetivo de agilizar e simplificar a legalização de documentos entre os 112 países signatários, permitindo o reconhecimento mútuo de documentos brasileiros no exterior e de documentos estrangeiros no Brasil. Fonte: cnj.jus. br/poder-judiciario/relacoes-internacionais/convencao-da-apostila-da-haia

mais de 8.394 quilômetros de casa, sozinha, do outro lado do Atlântico e para mim, sim, era um *big deal*.

•

Quando deixei tudo e decidi virar imigrante, eu sabia que tudo podia acontecer dali em diante, tudo poderia dar certo como tudo poderia dar errado. Ouvindo minha própria voz dizendo isso soa um pouco negativo, mas foi fazendo planos B, C e D minha maneira de lidar com tantas mudanças, quiçá minha válvula de escape naquele momento, e foi assim que tudo começou.

Cheguei a Madri no dia 31 de agosto, sendo que no dia 1º de setembro, além de ser uma data marcada pelo aniversário de meu pai, também se daria início às minhas aulas. Meu primeiro dia de aula. Nos meus primeiros dias compartilhando a classe com estudantes de diferentes países, principalmente asiáticos, percebi que muitos eram como eu, bastante tímidos e não se atreviam muito. Eu nunca fui uma pessoa que se arriscasse muito nesse sentido porque deixava com que o perfeccionismo em excesso me calasse muitas vezes. Tive que aprender, portanto, a deixar o castelhano fluir sem medo de cometer erros ou receio de que as pessoas não me entendessem.

Os colegas que eu fiz na escola foram voltando aos seus países pouco a pouco e eu mais que nunca passei muitas horas sozinha. O fato de que talvez eu tivesse que abrir mão de minha profissão, da carreira que eu construí e aceitar qualquer outro trabalho me apavorava porque eu não queria deixar de fazer o que eu amava, mas ao mesmo tempo me dava muitas outras ideias, por exemplo, fazer outra graduação: pesquisei Tradutor e Intérprete, Relações Internacionais ou até mesmo retomar meu sonho e estudar Geofísica, mas quanto mais eu aprofundava minhas pesquisas, mais chegava à conclusão de que naquele momento não seria possível.

Isso porque aqui na Espanha até mesmo a universidade pública tem um custo (matrícula e parcelas, sejam elas semestrais ou anuais) até mesmo de uma universidade à distância, que tem um custo alto principalmente se você é estrangeiro vivendo de economias e sem trabalho. Sem contar no investimento que supunha traduzir e legalizar todos os documentos exigidos para ser aceita em uma instituição de ensino. Naquela época, eu não dispunha de dinheiro para todos esses trâmites e, então, desisti e foquei no aperfeiçoamento das minhas habilidades comunicativas.

A permissão de trabalho e residência veio alguns meses depois, quando tive a oportunidade de conseguir um trabalho mesmo que temporário em uma empresa de tecnologia transcrevendo áudios em português de Portugal a um sistema *online*, onde, apesar de ser *home office*,[10] eu chegava a trabalhar de 8 a 10 horas sem pausa.

Embora fosse consciente da situação do mercado de trabalho, optei por dar prioridade às vagas de secretariado antes de procurar uma recolocação em outra área. Preparei um bom currículo em espanhol e inglês e criei perfis em uma rede social de negócios e portais de busca de emprego, além de me preparar para as entrevistas de emprego fazendo pesquisas *online*, verificando os melhores termos e perguntas frequentes.

Alguma vez, em uma entrevista de trabalho, alguém já lhe fez aquela famosa pergunta "Por que deveríamos contratar você?".

---

10 *Home office* é um termo em inglês para descrever escritório em casa. Este método de trabalho é normalmente usado por trabalhadores independentes, também conhecidos por *freelancers*.

Pois é, essa é a pergunta que eu me fiz muitas vezes antes de começar todo esse processo. E ela veio de imediato em minha cabeça depois de ouvir tantas e tantas vezes de alguns nativos "que eu não conseguiria", "que era muito difícil conseguir um trabalho em minha área de primeira", "que por ser estrangeira eu tinha que me contentar com qualquer coisa que me dessem", entre outras coisas. Eu sempre tive muito claro que agarraria a oportunidade profissional que tivesse, fosse na área que fosse. Exigiu muita força de vontade, perseverança e resiliência para que, com humildade e respeito por tudo o que eu já havia construído em minha carreira, não desistisse, mas pensasse em algumas estratégias.

Foi importante olhar para dentro e buscar todos os meus pontos positivos, o que se destacava em minha experiência, em meu caráter como profissional, em minha atitude e na maneira com a qual eu fazia meu trabalho porque de certa forma essas pessoas tinham razão quando diziam que "as empresas sempre vão preferir um espanhol, se você não tem um diferencial, você não é páreo". Então, o mais importante na resposta daquela pergunta que eu me fiz era identificar o que me fazia diferente, o que minha experiência agregava às corporações, às pessoas, os argumentos que eu usaria e por que acreditava neles.

E foi aí que eu encontrei meu eixo. Usei cada "não" que ouvi como arma de aperfeiçoamento de modo que após cada entrevista eu analisava as perguntas e as respostas, tentava encontrar todos os pontos de melhoria e mesmo assim tive que ser muito paciente. Isso porque eu estava acostumada às demandas e exigências do mercado de trabalho brasileiro, as quais eram bastante diferentes. Foram necessárias muitas entrevistas até que eu compreendesse o que os recrutadores daqui realmente queriam ouvir e no que eles realmente estavam interessados e isso, infelizmente, ninguém pôde me preparar ou me contar, tema de que falaremos em detalhes logo mais.

Em contrapartida, é verdade que o inglês, uma das principais exigências no ramo do secretariado, também na Espanha, contava a meu favor, assim como o português, minha vivência no Canadá e a experiência em multinacionais que eu trazia na bagagem. Porém, o fato de que eu tivesse registro do SRTE, por exemplo — tão importante e valioso para nós, profissionais do Brasil —, aqui não significava nada. Ter obtido o título de bacharel em Secretariado Executivo Bilíngue tampouco. Isso porque na Espanha o secretariado executivo não é uma profissão regulamentada, não existem cursos de bacharelado ou licenciatura nesse ramo nem mesmo um sindicato que nos protege. Existe um curso de FP (Formação Profissional), que concede ao estudante um título parecido ao técnico — equipara-se a um título da ETEC (Escola Técnica Estadual do Estado de São Paulo), por exemplo. No decorrer destes cinco anos trabalhando aqui, foram muito poucas as assistentes que eu conheci que têm essa formação. Os títulos mais comuns são nas áreas de Administração, Tradutor e Intérprete, Direito, Turismo e até Moda, entre outras.

Quase dois meses depois de que essa busca começara, eu fui contratada por uma ETT[11] para trabalhar em um escritório

---

11 ETT (Empresas de Trabalho Temporário): Muito populares na Espanha, as ETTs têm uma relação com as empresas que se denomina "contrato de pronta disposição", ou seja, trata-se de um contrato pelo qual cede um trabalhador, contratado pela própria ETT para prestar serviços a essa empresa usuária. Esses contratos podem chegar a três anos. (Fonte: Ministério do Trabalho, Migração e Segurança Social – Governo de Espanha) http://www.mitramiss.gob.es/es/Guia/texto/guia_1/contenidos/guia_1_4_2.htm

de advogados internacional, cuja sede fica na Inglaterra, para dar suporte a um sócio e uma equipe de advogados mais sênior, cobrindo uma licença maternidade.

Voltar a um escritório depois de um ano praticamente sabático foi maravilhoso. Foi um sentimento enorme de gratidão, ter recomeçado em outro país fazendo o que eu sempre amei, trabalhando no que eu tinha vocação para fazer. E cada dia foi um aprendizado seguindo meu mantra profissional: "Ouvir mais que falar; observar antes de assumir qualquer opinião; e, na dúvida, perguntar antes de agir."

Eu vivi cada dia como um novo, anotando tudo, pedindo conselhos, contando até dez — porque não? —, orando a Deus, pesquisando muito e também me divertindo no processo com os furos e *falsos amigos* entre castelhano e português. Alguns eu contarei mais adiante.

Início da minha carreira internacional, Madri 2016 (Arquivo Pessoal)

Trabalhei durante um ano nessa empresa até que a pessoa que eu estava substituindo retornou da licença e me ofereceram o posto fixo dela, cuja proposta eu aceitei. Entretanto, eu teria que estar mais seis meses como trabalhadora externa (contratada pela ETT), o que significaria não ter benefícios e, além disso, correr o risco de que esse contrato fosse postergado por mais tempo uma vez que as empresas têm legalmente o direito de ter um funcionário com esse tipo de contrato por até três anos, segundo a lei trabalhista espanhola. E então, nesse meio tempo, surgiu uma oportunidade de um posto fixo em uma empresa menor, mas com melhor salário, uma equipe bastante diversa com brasileiros inclusive e até um consultor dinamarquês e a possibilidade de desempenhar atividades de maior responsabilidade que ajudariam a desenvolver outras habilidades. Eu segui meu coração, e fui.

A proposta era para uma posição de secretária do CEO,[12] sócios e *office manager*[13] (muito comum aqui na Espanha, a posição de *office manager* existe em empresas de pequeno porte e nada mais é que uma secretária que, além de assistir aos executivos, está encarregada de muitas outras responsabilidades, como contato e negociação com fornecedores, gestão de toda a parte de *operations* — operações e suprimentos —, abrangendo desde a organização de salas de reuniões à compra de móveis ou de estoque para a cantina). A empresa pode também contar com o profissional para tarefas de marketing, entre outras atividades que muitas vezes trabalhando em grandes empresas não temos

---

12 CEO: Sigla para *chief executive officer*, diretor executivo.
13 *Office manager*: Termo em inglês para gerente de escritório. Pessoa responsável pela organização e suporte no escritório.

a oportunidade de fazer. E essa mudança me ajudou muito a conhecer vários processos desde o princípio e consequentemente ser mais independente, o que muitas vezes trabalhando para multinacionais acaba sendo um pouco diferente. Sempre temos suporte em todos os sentidos com o pessoal de tecnologia, um departamento de marketing ou uma equipe que se dedica a negociar com fornecedores e, de certa forma, fazer parte de uma empresa pequena faz com que nós, secretárias, sejamos todos esses departamentos juntos e, embora exaustivo, aprendemos muito mais. E o meu aprendizado nessa empresa foi enorme, mas, certamente, ser capaz de negociar em outro idioma e alcançar bons resultados foi talvez o maior e mais importante deles.

A experiência que eu tive foi um tanto incomum. Com uma gestão abusiva e um clima muito pesado e negativo entre os funcionários, eu percebi que não era o lugar onde eu realmente queria estar e com apenas alguns meses voltei a buscar uma recolocação. Incomodava-me muito o fato de mudar de empresa e deixar marcado em meu currículo essa curta passagem, mas tive que analisar a situação e colocar meu futuro profissional e minha felicidade acima desse pequeno detalhe.

Foi um período muito desgastante em ambos os aspectos, pessoal e profissional. Ao mesmo tempo que estava deixando uma relação afetiva que era abusiva psicologicamente, eu lidava com problemas familiares graves, com meu país desestruturado que afetava diretamente minha família e com essa imensa frustração laboral.

Nunca foi fácil estar longe da família e dos amigos. Há momentos nos quais o fardo é ainda mais difícil de manejar. Foi necessário não somente reunir força e determinação para estar presente na vida de minha família, mesmo de longe, como adotar uma atitude positiva e de automotivação para canalizar essas energias, concentrando-me no resultado final e focando em cada tarefa para continuar atingindo resultados positivos no trabalho, com muito jogo de cintura e compromisso. Visualizar nossos objetivos e onde queremos chegar é essencial nesse processo. Foi no meio dessas turbulências que melhores entrevistas foram surgindo, minha fé agiu em mim como uma força interior e então tudo começou a mudar. Eu decidi que seria com mais tranquilidade e racionalidade que tomaria as minhas decisões a fim de não cometer o mesmo erro profissionalmente. Quase um ano depois, eu me incorporei à equipe de um banco americano, onde trabalho atualmente. Foi um processo bastante longo — quase cinco meses —, que eu esperei ansiosamente, visualizando o resultado final. Além de ser uma das instituições que estavam no meu Top 10 para trabalhar, eu me via totalmente sendo parte daquela equipe e tinha tudo a ver comigo. De forma que minha incorporação foi como voltar à casa, depois de tantos anos trabalhando em instituições financeiras e/ou departamentos financeiros. Ganhei uma equipe muito variada, assistindo a executivos com distintas nacionalidades, tendo contato com diferentes tipos de clientes e me expondo positivamente, mantendo contato com banqueiros de diferentes países e construindo uma relação bastante sólida com secretárias de outras sucursais. Além disso, possibilitou-me desenvolver e fazer gestão de outras tarefas nos três idiomas, o que me trouxe uma satisfação e motivação profissional que eu há muito tempo não tinha.

•

Quase todos os processos seletivos de que eu participei morando aqui foram peculiares e também agregaram experiência no processo de construção de minha carreira internacional. Surgiram questões muito interessantes, curiosos pontos de vista e até mesmo interesse de parte de alguns recrutadores em ouvir um pouco mais sobre meu país, sobre minha cultura e nossa luta para regulamentar a profissão de secretariado no Brasil. E cada entrevista foi diferente uma da outra apesar de seguir certo padrão. No geral, os entrevistadores querem ouvir sobre sua experiência, fazem algumas perguntas em inglês, também se interessam em como viemos parar aqui e se temos intenção de ficar.

Aqui na Espanha, a elegibilidade a um posto alto vai depender não apenas da experiência, mas da idade também. A sensação é como se a idade fosse um determinante de maturidade e responsabilidade, não dito às claras, mas é o que os recrutadores transmitem nos processos. É curioso porque sabemos que no Brasil é diferente. Já tive colegas de profissão assumindo o posto de assistente de presidência antes dos trinta, outras colegas trabalhando com alta direção, incluindo eu mesma, não pela idade que tinha, mas por outros fatores como motivação, pró-atividade, inteligência, dinamismo, senso de responsabilidade, criatividade ou habilidades de multitarefa, por exemplo, entre outros. Fato é que aqui você raramente vai ver uma secretária de presidência com menos de quarenta anos ou que tenha formação em Secretariado. A experiência e a idade certamente contam muito mais do que o diploma ou a atitude, na minha opinião, o que me leva a acreditar que as exigências nesse sentido são bastante diferentes entre um país e outro.

Houve momentos nos quais eu me encontrei em situações inusitadas, sem saber exatamente o que dizer. Isso porque, no começo, uma das questões favoritas de alguns recrutadores era "Ah, seu currículo é muito bom, mas você nunca trabalhou na Espanha?", ou "Nossa, você é muito jovem, certeza que você tem toda essa experiência?" e, em algumas entrevistas, deixavam bem claro que não acreditavam que eu aos 26 anos já possuía nove anos de experiência. Além do mais, pensavam que eu estava mentindo! Com o tempo e depois de conversar com muitos colegas nativos, entendi que infelizmente aqui é muito comum mentir no currículo de forma que contar minha verdade exigia assertividade e jogo de cintura.

Para completar, eu não entendia por que pensavam que eu era muito jovem para assumir uma posição de secretária de direção, por exemplo. No Brasil, todos sabem que obviamente a experiência é muito importante, mas o fato de um profissional de secretariado ser muito jovem não significa que ele não tenha habilidades e competências suficientes para assumir dito posto.

Com o passar do tempo, surgiram outras perguntas, como: "E você é casada? Pretende ter filhos?" — e essa então me tirava do sério. São coisas que nem mesmo com o tempo você se acostuma. Talvez eu realmente tenha perdido oportunidades por delicadamente ser franca, mas no meu ponto de vista essa questão sempre foi uma das mais egoístas no mundo laboral. Contudo, ainda me encontraria em situações nas quais me diriam "Ah! (longo), você é brasileira... (longa pausa)", o que normalmente vinha acompanhado de caras e bocas. Infelizmente isso não aconteceu apenas uma, duas ou três vezes. Entretanto, depois de quatro anos morando aqui, comecei a perceber e aprender como usar o fato de eu ser brasileira e falar português como vantagem e dessa forma a maneira como eu fui conduzindo as entrevistas e minha aproximação linguística também mudaram.

Fora do âmbito empresarial, por exemplo, depois de dizer que era brasileira, também cheguei a ouvir "Ah, eu notei, pela cor da sua pele". Estrangeiros de outros países têm apelidos ultrajantes e dependendo do entorno em que você esteja é comum ouvi-los. Eu mesma, infelizmente, convivi com pessoas que se referiam aos outros estrangeiros de maneira pejorativa e que logo me olhavam e diziam que "você não, você é quase espanhola" ou "os brasileiros não, viu?!". Nunca se deram conta de que eu me sentia ofendida igualmente, afinal eu também era imigrante. Pouco a pouco, meu círculo social foi aumentando, diversificando e felizmente eu não ouço mais esse tipo de comentário com tanta frequência, mas ainda assim, pessoalmente, foi um desafio aprender a lidar com os rótulos por ser brasileira. A princípio, incomodava bastante, mas com o tempo a gente entende que não é nada pessoal e, se for, não há problema. Na verdade, os estereótipos não existem apenas aqui, eles estão por todos os lados em cada país, na cabeça das pessoas que não possuem uma habilidade importantíssima neste mundo globalizado em que vivemos: a inteligência intercultural.

Com o tempo, a gente passa a entender que o mais importante é o que nós pensamos e a imagem que mostramos de nós mesmos e de nosso povo. Há muitos brasileiros que se aproveitam do fato de morar fora para manchar a imagem de nosso país quando deveriam fazer exatamente o contrário. Especialmente para mim, viver uma cultura diferente da minha me fez assumir quem eu sou, sentir o "orgulho" de ser, de pertencer a nossa nação, e esses são sentimentos dos quais muitas vezes não nos damos conta até o momento que vamos embora de nosso país.

No ambiente de trabalho, eu também enfrentei situações desagradáveis, como um executivo que gritava comigo se, por exemplo, eu pedisse para ele repetir o sobrenome da pessoa com quem ele queria falar porque não havia entendido, ou se a ligação havia falhado, ou se eu quisesse ter certeza de que era o pai e não filho, ele me dizia que eu tinha que decorar os mais de sete mil contatos dele. E às vezes ele se irritava tanto que dizia que eu tinha que estudar espanhol antes de perguntar, o que acabou gerando tantas brincadeiras entre todas nós, secretárias, porque obviamente meu castelhano já era muito bom naquela época, e por essa razão na minha despedida da empresa me deram sarcasticamente de presente um livro de conjugação verbal em espanhol (risos).

E acredite: eu, genuinamente, pensava que seria mais difícil expressar-me em certas situações em outro idioma que não fosse o meu materno, mas resultou ser, de alguma maneira, mais fácil para mim. Houve momentos, por exemplo, em que precisei entrar na sala desse meu chefe e dizer com muita educação que eu não aceitaria que ele gritasse comigo diante das pessoas outra vez, o que de certa forma deixou de acontecer. Uma vez, uma analista falou com um cliente, que pediu a modificação de horário de uma ligação que tínhamos confirmada no calendário. Ele prontamente me ligou e pediu que eu fizesse tal mudança porque estava tudo confirmado. Horas depois, recebi um e-mail de uma das diretoras que trabalhava comigo, que em letras garrafais dizia "COMO EU ME ATREVIA A MUDAR O HORÁRIO DE UMA LIGAÇÃO SEM FALAR COM O CLIENTE". Ela simplesmente assumiu que eu não tinha falado com o cliente. Como essa não tinha sido a primeira vez que ela se comportava dessa maneira, eu senti que havia chegado o momento de ter uma conversa franca com ela. Minha atitude de contar a ela um pouco de minha trajetória profissional, das pessoas que eu já tinha assistido, do trabalho que eu já tinha feito durante muitos anos até ali me faziam uma profissional competente e foi o que mudou nossa relação. Eu entendi que ela queria que tudo saísse perfeito e que ganhássemos credibilidade com os clientes, mas usei essa oportunidade para expressar que confiança é um fator muito importante entre o executivo e sua secretária e que sem ela é impossível conduzir um trabalho juntos.

Por outro lado, desde o princípio tive uma experiência incrível com as minhas companheiras de trabalho, que me ajudaram quando eu tive dificuldades, principalmente no começo porque embora aprendamos muito nas escolas de idiomas, há certas coisas que apenas a convivência e o dia a dia vão ensinar e, nesse processo, é fundamental ter o apoio dos colegas de trabalho. Tudo resultou ser um pouco diferente, desde escrever uma carta ou um e-mail formal, conhecer os bons restaurantes para organizar reuniões ou eventos até saber o que pedir em um serviço de *catering* tendo em conta a cultura dos participantes. Ademais, foi primordial aprender como fazer uma aproximação e ganhar a confiança da secretária daquele cliente que não está muito entusiasmado em fazer uma reunião com nosso executivo.

Houve uma urgência em aprender tudo o que podia sobre vários procedimentos administrativos, como emissão e renovação de documentos, vistos e permissões de viagem, gestão de multas e transferência de pontos, até mesmo lembrar-me de sempre colocar o número de inscrição da família numerosa de meu executivo em compras ou procedimentos (na Espanha, famílias com mais de três filhos são consideradas numerosas e, portanto, têm vários benefícios como isenção de taxas de passaporte, descontos em museus ou passagens de trem de longa distância, dedução fiscal, entre outros. Fonte: Ministério da Saúde, Consumo e Bem-Estar Social).

Assim como com as minhas companheiras, executivos também fazem parte dessa ótima experiência. Pessoas que estiveram abertas para conversar demonstrando interesse não apenas pelo meu trabalho e meu desenvolvimento, mas pelo meu bem-estar e adaptação.

Em suma, quando me perguntam de maneira geral minha opinião sobre como se estabelece ou quais as diferenças na relação entre o executivo e o secretário entre ambos os países, são três os tópicos que eu considero importante citar:

O primeiro, em relação à confiabilidade: eu acredito que não há muita diferença na maneira de trabalhar juntos, porém, quando falamos de confiança, sinto que com os executivos de nacionalidade espanhola é algo que toma mais tempo em estabelecer-se. De certa forma, eles têm mais precaução e precisam sentir e ver que somos eficientes e que sabemos o que estamos fazendo antes de confiar certos detalhes nas nossas mãos. Por outro lado, uma vez que eles depositam a confiança deles no profissional de secretariado, o trabalho flui com bastante naturalidade e a relação ganha bastante força. Os líderes brasileiros, no entanto, depositam não somente confiança desde o primeiro momento, normalmente compartilham sua rotina, suas preferências e necessidades antes de qualquer coisa e nos fazem partícipes de seu dia a dia de modo que em muito pouco tempo já possuímos conhecimento suficiente para tomar decisões e conduzir tarefas que nos delegam sem maiores problemas.

O segundo se refere ao papel que o profissional de secretariado ocupa nas organizações e ao lado de seu executivo. Colocando em exemplos práticos: eu trabalhei com uma diretora no Brasil que tinha, além de muita demanda de trabalho, uma agenda extremamente ocupada e variável. Desde o primeiro momento, ela me contou como era sua rotina, o calendário mensal de comitês e reuniões extremamente importantes, informando-me sobre quem conduzia qual assunto, enfim, colocou-me a par de tudo e deixou nas minhas mãos tomar certas decisões. Sempre despachávamos e conversávamos abertamente, de tal forma que eu sabia exatamente os assuntos que eram prioridade, os que eram importantes e os em que sua presença era facultativa, mas que ela tinha que estar a par do assunto. Eu tinha sua total confiança então para delegar reuniões que ela não poderia assistir, ou fazer o acompanhamento e garantir que ela tivesse uma cópia de apresentações que iam ser projetadas nas reuniões com antecedência para que ela tivesse tempo suficiente de ler, rever e pedir a mudança que fosse necessária. Não apenas isso, mas também gerenciar os prazos, a organização, o agendamento de todos os pré-comitês e garantir que eles acontecessem (literalmente, nem se eu tivesse que ir à mesa de cada gerente e pedir que fossem à sala de reuniões), todos os meses — e não poderia esperar que ela me dissesse o que eu tinha que fazer, eu era a pessoa que organizava o dia dela — e ela seguia, quase sempre à risca. Sem mencionar que nossa comunicação era sempre 100% e incluía resposta imediata. Sempre. Com ela, eu realmente sentia que com a mesma rapidez que ela respondia um e-mail do chefe dela, ela respondia os meus. Cheguei a organizar e estar à frente de muitos eventos, internos e externos, e a coordenar desde o orçamento até a execução.

Na verdade, eu poderia enumerar muitos outros exemplos, mas a ideia que eu gostaria de transmitir é que no Brasil nós, profissionais de secretariado, temos funções de verdadeiros assessores e que isso nem sempre acontece em outros países, embora tenha muito que ver com a personalidade de cada executivo. O secretariado, aqui na Espanha, está mais voltado ao administrativo, sem dúvidas, sendo que a delegação de certas tarefas, assim como o nível de assessoria, vai depender muito da posição que esse executivo ocupa na empresa — normalmente muda quando se trata de um presidente ou conselheiro —, mas também me faz refletir se o tema da confiança não estaria diretamente relacionado com a ausência de maiores responsabilidades ou se o papel do profissional dentro das organizações necessita de uma modificação, já que não somente o perfil do secretariado sofreu alterações com o passar dos anos, mas o próprio profissional incorporou e aprendeu a usar suas habilidades e competências para agregar e proporcionar um trabalho de nível mais exigente e sofisticado.

O que fica evidente no meu ponto de vista é que ainda há todo um terreno que explorar quando falamos de níveis de assessoria e há muito o que aprender de ambos os lados. O profissional de secretariado tem muito mais competências do que ele imagina e o executivo tem a sua disposição um profissional que pode não somente facilitar seu dia a dia, mas ser seu braço direito e agregar positivamente no trabalho que ele exerce. É uma questão de confiança.

O terceiro, falando de conflitos no geral, é que eu acredito que não haja diferenças significativas entre ambos os países. No Brasil, por exemplo, da mesma forma que eu tive gestores compreensivos e abertos ao diálogo, por outro lado, também tive gestores autoritários com condutas abusivas que criavam conflitos que iam além do respeito ou da tolerância e morando na Espanha não foi diferente, como contarei mais à frente. Na verdade, certos tipos de conduta não acredito que estejam atrelados à cultura diretamente, mas vinculados a um problema de relações interpessoais no ambiente de trabalho e o diálogo sempre foi a melhor ferramenta para lidar com eles, quase sempre.

Mas falando em condutas abusivas, é importante lembrar que o assédio moral não é um tema novo, nem restrito ao Brasil ou à Espanha, ele existe desde o princípio das relações trabalhistas em todo o mundo, e vem agregando novas formas e características conforme novos modelos organizacionais, que por meio da pressão em atingir metas e resultados acabam induzindo os funcionários a um estresse em excesso, perda de controle sobre suas próprias ações e, por fim, assediando funcionários moralmente. E nesses casos nem sempre o diálogo vai ser capaz de resolver e serão necessárias outras medidas.

Quando moramos em outro país, entretanto, há outro fator que se soma e este, por sua vez, chama-se diferença cultural. É necessário ter um conhecimento e entendimento da cultura dessa pessoa antes de chegar a qualquer conclusão. É muito importante eliminar o pré-julgamento, estar aberto para ouvir e ser receptivo para interagir com culturas diferentes da nossa.

Em muitos casos, o que pensamos que é um conflito nada

mais é que um desentendimento cultural: por chegar a certa situação decididos a confrontar o comportamento ou as palavras de uma outra pessoa pensando que nossa maneira de agir e de nos comportar é a correta, o que é um erro muito grave. O que muitas vezes pode ser um problema para nós, para a outra pessoa é uma situação normal, ou o contrário, e por isso desenvolver inteligência intercultural é tão importante, porque vai determinar também a maneira como certos problemas ou desentendimentos vão se resolver.

•

É curioso quando escuto ou leio comentários de pessoas que não moraram na Espanha ou que apenas estiveram viajando pelo país dizendo que nossa cultura é igual à deles, porque para mim é difícil concordar uma vez que a visão de um turista é diferente da de um imigrante. Obviamente não foi um grande choque cultural como talvez se eu tivesse imigrado a um país asiático, por exemplo, mas tampouco foi como desfazer as malas e continuar vivendo minha vida como se nada tivesse mudado. Com o passar do tempo, fui mais consciente das similaridades e diferenças, dos hábitos e atitudes que deveria mudar ou não e, enfim, apenas o dia a dia foi capaz de me mostrar aquilo que não se vê em um primeiro instante, em uma viagem de turismo ou em um intercâmbio. Cada situação e seu contexto trouxeram uma importante lição para meu processo de adaptação que exigiu mente e coração abertos.

Uma das primeiras coisas que chamaram muito minha atenção foi a grandeza das diferenças linguísticas que fazem parte desse país. O jogo de palavras, diferentes sotaques e diferentes expressões que podemos encontrar aqui e que a princípio confunde muito estudante. Alguns exemplos que eu gosto de mencionar são: aqui em Madri, por exemplo, as letras C e Z, assim como a letra D no final das palavras, se pronunciam com a língua entre os dentes (parecido ao som do TH em algumas palavras do inglês): *Madrid (Madrith), Comunidad (Comunidath)*. Na Andaluzia, não pronunciam as letras D ou simplesmente suprimem o final das palavras. Por exemplo, em vez de dizer *cuidado, llegado, para todo*, dirão *cuidao, llegao, pá too*.

O castelhano falado na Espanha é diferente do castelhano latino-americano. Para começar, aqui se usa a segunda pessoa do singular e o tratamento *usted* se usa apenas em situações muito formais com pessoas que você não conheça ou com alguém maior de idade — e, ainda assim, por mais educado que você queira ser, há vovôs e vovós que vão pedir para você tratá-los por *tú*!

A diversidade não para por aí: os sotaques variam muitíssimo, assim como em nosso país, entre uma comunidade autônoma e outra com diferentes dialetos e línguas cooficiais, entre elas o catalão e o aranês (Catalunha), o galego (Galícia), o valenciano (Valência) e o euskera (País Basco), que juntamente com os imigrantes latino-americanos enriquecem muito mais esse país com uma diversidade sem tamanho.

Falando em aprendizado de línguas, curiosamente na Catalunha há escolas que lecionam as matérias em catalão, dedicando ao aprendizado da língua castelhana apenas algumas horas por semana (duas horas semanais para o ensino fundamental, três para o ensino médio e duas para bacharelado), segundo o artigo publicado pelo *El País* em abril de 2018.

Outras coisas me surpreenderam bastante, como a dificuldade de fazer amigos. Você vai ter muitos colegas que vão chamá-lo para ir a um barzinho e tomar uma cerveja, para um aperitivo antes do almoço ou um jantar de vez em quando, mas vai ser raro que eles te deem abertura suficiente para ir à casa deles ou fazer planos juntos como viagens. Esse é um processo muito lento, é muito comum ouvir aqui as palavras "ganhar confiança" e disso se trata: ganhar intimidade. Tanto as amizades como os relacionamentos afetivos e profissionais têm que passar por essa "prova". Tempo e constância são o segredo.

Normalmente, eles já têm seu círculo de amigos formado, um grupinho fechado, e seus melhores amigos são geralmente da infância, ou aqueles que estudaram com eles no colégio ou da época do instituto (comparado ao nosso ensino médio).

Nos meus dois primeiros anos morando aqui, realmente pensei que o problema era comigo, talvez na minha forma de pensar ou de agir, ou mesmo de falar. Todo aquele sentimento de rejeição poderia ter me levado a um isolamento social, a criar minha própria bolha social, mas foi nesse momento que eu comecei a olhar mais além do que eu podia ver a olho nu. Não havia certo, nem errado, apenas diferente. O problema não era comigo, nem com eles. A chave foi entender que somos culturalmente diferentes e que ambos temos que agregar um ao outro.

Foi nesse momento que eu comecei a olhar para dentro, para o nosso povo, ouvir o que as pessoas tinham a dizer para então entender que, na verdade, nós brasileiros temos um conceito diferente de amizade, nos apegamos muito às pessoas e confiamos nelas muito rápido. Quem nunca conheceu alguém, seja brasileiro ou estrangeiro, e no fim de semana seguinte já estava no churrasco de família em nossa casa ou tomando café com nossa mãe?

Depois de alguns anos, entendi que poderia ter evitado todo aquele sofrimento se eu tivesse buscado conhecimento e desenvolvido inteligência intercultural, mas abordarei esse tema com mais detalhes nas próximas páginas.

Outra característica que eles têm é a maneira direta e sem rodeios de falar as coisas. Por exemplo, nós brasileiros temos o costume de usar muito, na maneira escrita ou falada, as palavras "por gentileza", "com licença", "gostaria de", "estava me perguntando se você poderia...", etc. Aqui, não. Normalmente, quando eu começo uma frase assim, já noto a impaciência da outra pessoa, querendo que eu termine logo meu pedido. Então, não se assuste nem pense que um espanhol é mal-educado se ele lhe pedir algo diretamente, sem rodeios ou usando o imperativo. Tampouco espere que um espanhol lhe diga que "talvez vá a sua festa" ou "vamos ver" e não aparecer no dia (muito típico nosso, você não acha?). Eles não têm o menor medo de dizer "não" a algo. Se não puderem ou não quiserem ir, eles vão dizer que não podem e ponto.

Na minha opinião, os espanhóis têm um caráter forte, é verdade, e chegar com o jeitinho meigo ou demasiado educado em algumas situações não funciona muito bem, porém isso me ensinou também a ir direto ao ponto. Foi muito importante para mim e para meu dia a dia aprender a ser mais assertiva, e aprender a maneira deles de se comunicar.

Falando de imperativo, essa é uma característica na comunicação verbal da cultura espanhola que eu gosto muito de destacar porque pode ser algo sutil, bastante presente no dia a dia deles e algumas dessas construções podem nos chocar um pouco. Por exemplo, o uso do verbo "calar" em vários contextos e não apenas no sentido de pedir a alguém que "cale a boca". É comum ouvir em um grupo de amigos ou família "*calla, calla*" (que significa cala, cala) para controlar o turno da palavra de uma maneira imperativa; para que alguém pare de falar de algo desagradável ou quando não está de acordo com alguma opinião; quando alguém está contando algo engraçado ou embaraçoso mas com humor e o "cala" seguido de uma risada se emprega como "você tem toda a razão, me deixou sem ter o que dizer"; ou mesmo quando alguém quer chamar a atenção para outro assunto que seja uma fofoca. Todas essas interrupções, entretanto, são feitas de maneira muito leve e descontraída. Também se usa muito o imperativo para pedir algo, como "faça isso, vai", "pega isso, vai", etc.

Outro fato curioso é que, apesar de ser um país multicultural, a língua inglesa ainda não é um idioma totalmente dominado por eles. Então, é muito comum ter que aprender a maneira deles de falar certas palavras para que sejamos entendidos. Não me refiro especificamente ao mundo corporativo, porque normalmente nas multinacionais as pessoas se comunicam em inglês com bastante destreza, alguns até mesmo em francês.

Eu particularmente tive a oportunidade de viajar bastante pela península, e o fato é que temos que nos adaptar e pronunciar as palavras anglicanas como eles pronunciam, por exemplo, "Pátrik Suace" em vez de Patrick Swayze, "rrrari potter" (fazendo o som do *j* do espanhol) no lugar de Harry Potter, o grupo ACDC como "a-cê-de-cê" ou U2 como "u-dois", "ui-fi" em vez de *wi-fi*, "ricoll" (com a língua no céu da boca) em vez de *recall*.

A verdade é que, com exceção dos nomes estrangeiros de pessoas e grupos musicais, o melhor mesmo é aprender a falar o castelhano corretamente e não cometer anglicismos, o que nós brasileiros fazemos bastante.

Morar na Espanha também faz você mudar a rotina: os horários das refeições são totalmente diferentes — almoço é das 14 horas às 16 horas e jantar a partir das 21 horas. De fato, se você aparecer em um restaurante antes dessas horas as cozinhas estarão fechadas. O horário das refeições é sagrado, algumas boutiques e lojas pequenas no centro da cidade chegam a fechar as portas entre 14 horas e 16h30. Eu, particularmente, já cheguei a fazer essa longa pausa de duas horas, aproveitava o tempo para ir à academia, estudar, almoçar com amigos ou trabalhar mesmo. E falando de almoço, a cultura da sesta não é de todo mentira, mas a maioria das pessoas obviamente não vai para casa no meio do expediente para dormir uma sesta, mas posso garantir que durante o fim de semana, por exemplo, isso é quase lei, algumas vezes para mim também!

A maioria das empresas aqui (incluindo algumas estrangeiras) adota o horário espanhol às sextas-feiras: a jornada laboral é normalmente é de 9 horas às 15 horas e, durante o verão, muitas empresas adotam a jornada intensiva, que nada mais é do que trabalhar apenas de 9 horas às 15 horas sem interrupção todos os dias durante a segunda quinzena de julho à segunda quinzena de setembro. Outro aspecto curioso é que no mês de agosto, além de anoitecer às 22 horas aproximadamente, por ser mês das férias escolares, a gente sente que o país para. Ninguém faz reuniões, ninguém viaja a trabalho, no escritório só ficam os funcionários de plantão trabalhando, e geralmente para nós, secretárias, não há ligações nem e-mails para responder. Dá para imaginar um mês inteiro assim no Brasil???

Na questão da alimentação, a dieta que se segue aqui é mediterrânea, pratos com muitas verduras, vegetais e uma proteína. Arroz como base? Não. Só na nossa casa, em restaurantes brasileiros ou asiáticos! Aqui na Espanha funciona um esquema de "primeiro prato, segundo prato e sobremesa" (e não se confunda, sobremesa em castelhano não é aquele docinho que comemos depois do almoço, mas falaremos dos *falsos amigos* mais adiante). O primeiro prato pode ser uma salada ou um caldo, ou até mesmo uma *paella*,[14] e o segundo prato vai ser uma proteína com verduras. Muitas pessoas também pedem peixe no primeiro prato e carne no segundo — isso também é bastante normal. Quando vamos a barzinhos ou compartilhar aperitivo com os amigos, os pratos incluem bastante fritura — desde peixe a carne empanados, croquetes, batata frita e claro, o famoso *jamón*,[15] entre outros.

A maneira de cumprimentar alguém também muda, pelo menos para mim, que sou de São Paulo. Há o costume de dar dois beijos no rosto, um de cada lado. Mas nem sempre dois! Um beijo no rosto é para quem tem muita intimidade, como mãe e filho, nora e sogra. Já no aspecto profissional, não há mudanças, um simples aperto de mão vale e transmite respeito e gentileza.

Aqui na Espanha, o aniversariante é quem paga a conta e os sobrenomes vêm em ordem invertida: primeiro o sobrenome do pai e depois o da mãe.

Os espanhóis têm muita lábia! Sim! O jeitinho brasileiro existe aqui também e eles são muito bons nisso, seja para conseguir um cliente, fechar um negócio, conseguir um desconto em um produto, melhorar o prazo de entrega, seja conseguir que o garçom sirva uma última rodada por conta da casa. Aprender e desenvolver essa habilidade foi um divisor de águas em minha experiência fora do país. Entender o que eles querem dizer nas entrelinhas, ou com um pequeno gesto.

Compartilhamos também vários provérbios! Como "olho por olho, dente por dente", "dar gato por lebre", "O tiro saiu pela culatra", "ir de mal a pior", "cavalo dado não se olha os

---

14 Paella: Receita com base de arroz de origem valenciana.

15 Jamón: Presunto de porco, produto da gastronomia ibérica .

dentes", entre muitos outros. Há realmente muita similaridade linguística, e acredito que isso facilita muito o entendimento e o aprendizado, mas também é um idioma que compartilha muitos *falsos amigos* com o português e que podem levar a situações de muito constrangimento.

Uma vez, recebi uma ligação de uma secretária que disse "Sou Fulana de *Hermosilla Abogados*", eu ao comprovar se tinha entendido bem, repeti: "*disculpa, Morcilla abogados?*" e então todos meus companheiros começaram a rir, inclusive ela. *Morcilla* é um embutido de sangue cozido, tradicional da Espanha. Ainda bem que a gafe foi com a secretária e não com o chefe dela (risos).

Em outra ocasião, uma companheira de trabalho me disse "*véte haciendo boquetes*" e me estendeu um documento. Fiquei super constrangida, porque obviamente até aquele momento, eu não sabia que ela se referia a furar o documento...

Preparei um quadro bem simples com algumas frases ou palavras que exemplificam como podemos facilmente nos desentender com um nativo de fala hispânica. À esquerda, algo que diríamos em português. À direita, o significado da palavra segundo a RAE.[16]

---

16 RAE: Real Academia Española.

PORTUGUÊS	CASTELHANO
Eu gostaria de provar uma **sobremesa**.	**Sobremesa:** Tempo que estamos à mesa após a refeição, conversando, por exemplo.
Sentia-me **embaraçada** com a situação.	**Embarazada:** Apesar de ter a mesma pronúncia, significa que a mulher está grávida. Palavra correta: *incómodo*.
Você tem muita **graça**.	**Grasa:** Com a mesma pronúncia, mas significa gordura. Imagine que chato falar isso para alguém. Palavra correta: *gracia*.
Escova de dentes.	**Escoba:** Nada mais é que a vassoura que usamos para limpar a casa. Palavra correta: *cepillo de dientes*.
Vou ao **escritório**.	**Escritorio** é na realidade o móvel onde você trabalha. Você na verdade está indo *a la oficina*.
Me **liga**/Estou **ligando** para alguém.	**Ligar** é o verbo que as pessoas usam para definir que estão beijando ou ficando com alguém. Cuidado!
Vou para a **academia**.	**Academia** é uma escola de idiomas, por exemplo. A palavra correta seria: *gimnasio*.

E da mesma forma acontece do lado oposto. Por exemplo:

CASTELHANO	PORTUGUÊS
La comida está **exquisita**.	Significa que a comida está uma delícia.
Engrasado.	Algo que está cheio de gordura!
Borracha.	Pessoa embriagada.
Pelado. La patata está pelada.	Significa que está sem casca.

Agora, atenção, algumas palavras bastante comuns têm significados sexuais para ambos os lados! Então, muito cuidado com o portunhol, porque o resultado pode ser bastante constrangedor e embaraçoso.

É muito importante estudar o castelhano e não ficar improvisando por muitas outras razões. Um brasileiro pode até levar uma vida normal aqui na Espanha sem ter estudado o idioma, isso é fato. Entretanto, além de evitar situações inconvenientes e facilitar o entendimento, o uso correto da língua é o que vai direcionar e determinar o êxito da vida profissional de uma pessoa aqui — principalmente uma secretária-executiva.

São muitas diferenças e similaridades, o certo é que há muito que aprender. A Espanha é um país riquíssimo em cultura. Aonde quer que você vá, há algo novo para aprender: costumes diferentes, danças, comida e, embora seja um país pequeno comparado ao nosso, não deixa de ser igual no que se refere à diversidade e é fabuloso. Alguns são conhecidos por serem mais brincalhões, outros mais brutos, uns amam a bandeira, outros são independentistas, em geral são resistentes às mudanças e embora seja um país multicultural ainda há muitas mentes e atitudes para mudar, mas é um país belíssimo, muito seguro e fascinante, com um clima maravilhoso, com ótimo custo e qualidade de vida e onde tudo funciona: transporte e saúde públicos que são referência na União Europeia, tem alta expectativa de vida e é o país que mais tem mulheres governando de toda a União Europeia, segundo a publicação da União Interparlamentar compartilhada pelo jornal *The Economist* em maio de 2019, além de ser um país líder mundial em doações de órgãos.

•

O papel do profissional de secretariado e o espaço que ele ocupa nas corporações aqui é um pouco diferente de minha experiência no Brasil. Isso porque em alguns setores ainda existe muito elitismo e nós assistentes executivos somos muitas vezes deixados de lado em vários aspectos. Conforme converso com colegas de profissão de outras empresas, percebo que isso é muito mais frequente do que eu imaginava. Alguns exemplos práticos: líderes e equipes não nos veem como parte da equipe quando, por exemplo, se organiza uma celebração de fim de um projeto, um jantar de "equipe" ao final de um mês ou até mesmo naquela reunião de resultados da empresa/ departamento. O investimento com os profissionais de secretariado também é quase nulo — de fato, muitos desses profissionais com quem eu tenho contato reconhecem que as empresas para as quais trabalham não oferecem cursos, formação ou sequer assumem gastos para que eles participem de conferências ou eventos de secretariado.

É uma barreira muito complicada de romper porque a meu ver é organizacionalmente cultural, desde o ponto de vista do líder até da própria organização. E, infelizmente, esse é um aspecto que ainda tem que melhorar muito por aqui.

Ao fazer uma análise mais profunda, percebo a significativa evolução principalmente no Brasil nos últimos anos. Na verdade, o que temos e o que alcançamos é muito precioso e há duas vertentes que me levam a essa conclusão.

A primeira delas quando comparamos o perfil do profissional de secretariado: no Brasil, conquistamos um lugar de respeito e confiança em outro nível, com um perfil de um verdadeiro gestor de informação, de pessoas, de projetos e ademais trabalhamos em parceria com a equipe para facilitar o trabalho do líder, além de ser vistos como parte da equipe. Acredito que fomos capazes de quebrar barreiras, principalmente estereótipos, e fomos capazes de mostrar nossa importância e que somos sim imprescindíveis. Sinto que na Espanha ainda há um longo caminho pela frente nesse sentido. Além de ter um perfil mais administrativo, mesmo que não se aplique em cem por cento dos casos, falta quebrar essa barreira do reconhecimento como mencionei anteriormente.

Outra vertente que eu considero extremamente importante é o fato de que infelizmente o Secretariado Executivo é uma profissão regulamentada em pouquíssimos países e isso dá abertura a muitos problemas como a desigualdade salarial, a ausência de um sindicato da categoria, o que por sua vez deixa o profissional de secretariado vulnerável a várias situações delicadas, como o abuso moral e sexual, e por último, profissionais formados em qualquer área ou até mesmo sem nenhuma formação, ocupando estes postos de trabalho e, portanto, de certa forma desvalorizando e tirando a importância de quem tem uma formação específica.

Portanto, esses são alguns dos argumentos que me fazem acreditar que nossa profissão é mais sólida e valorizada no Brasil do que em muitos outros países.

•

Não cabem dúvidas de que todo o aprendizado proveniente de minha expatriação se soma às minhas experiências do Brasil e no geral sei que todas elas contribuíram para a profissional que sou hoje, mas acredito que morar e trabalhar fora me fizeram muito mais tolerante, compreensiva, flexível e mente aberta. Na verdade, quando passamos a morar em outro país, não importa qual seja, nos damos conta de que as pessoas não vão e não têm a obrigação de se adaptar a você, e sim você é quem tem que se adequar a elas e ao país delas e até mesmo repensar sua maneira de atuar.

Durante meu processo de adaptação, foi essencial encontrar esse ponto de equilíbrio entre as coisas que eu tive que aceitar e as que tive que mudar sem deixar de ser eu mesma, conservando minhas crenças e princípios.

Congresso Secretariado Pepitas Secretaries Club, 2016 - Meu primeiro encontro com a Marcela

Tanto minha experiência aqui na Espanha como no Canadá me trouxeram mais autonomia e segurança nas tomadas de decisões e me ensinaram a não ter receio de perguntar ou pedir um conselho, mas outro aspecto importantíssimo para mim foi a resiliência, bem como a inteligência emocional e o autoconhecimento. Hoje sou capaz de ver que todos os grandes desafios, as grandes mentoras e os exemplos de profissionais que tive, os erros que cometi, todos eles foram essenciais para a construção de minha carreira. Hoje eu sei que sem erros não há aprendizado, que ninguém nasce sabendo tudo, apesar de haver pessoas talentosíssimas no mundo — ainda assim, necessitam aulas e treinos. Fato é que tudo o que fazemos com carinho e dedicação vai ter um resultado positivo. O mais importante é fazer o que a gente ama e ser perseverante.

Minha família festa de despedida do Brasil, 2014

No âmbito pessoal, são muitas as lições que a gente aprende, como a importância da família e dos amigos. A gente também descobre que alguns amigos não são tão amigos assim, que muitas pessoas subitamente desaparecem de nossa vida como um passe de mágica, mas a gente também aprende o verdadeiro valor daquelas amizades que perduram. A gente se habitua a se despedir à distância de entes e amigos queridos que partem desta vida. A gente participa de casamentos e assiste ao nascimento de bebês por Skype. A gente se esquece de nosso próprio idioma, às vezes, ganha sotaque, acumula uma mala de novas manias — boas e ruins. A gente não vê ninguém crescer ou envelhecer e a saudade, essa é a pior inimiga de todas.

Eu e meu pai na minha primeira comunhão e crisma 2012

Por outro lado, nós nos transformamos em seres mais fortes. É um processo que ratifica de certa maneira que somos responsáveis pelas nossas decisões. Nem sempre é fácil quando nos vemos sozinhos, mas é primordial compreender que todos esses sentimentos e dificuldades são parte desse processo e que tudo nos leva a outro tipo de amadurecimento e evolução como seres humanos. Na verdade, os últimos seis anos fortaleceram meu autoconhecimento como mencionei anteriormente, sobretudo me permitiram viver uma vida empoderada e com ainda mais responsabilidade. O próprio desafio de escrever este livro, analisar minha história pessoal e minha trajetória profissional com outros olhos foi muito incrível e profundo, pois se tratou de selecionar tudo o que eu considerava importante e relevante para passar adiante. Foi como voltar atrás e pensar em tudo o que eu gostaria que alguém tivesse compartilhado comigo lá atrás, quando eu comecei a faculdade e, portanto, descobrir o mundo.

O fato é que muitas das minhas experiências sociais e profissionais poderiam ter sido mais leves se eu tivesse o conhecimento que tenho hoje. Sempre me considerei uma pessoa de cabeça aberta, curiosa e empática, mas aplicar todas essas habilidades e ter certas atitudes desde o princípio certamente me ajudariam a articular e entender a complexidade das diferenças culturais para então vivê-las.

Muitas vezes, ouvi pessoas dizendo que odiaram tal país, que as pessoas são frias ou mal-educadas, que não recomenda o país "x" porque o clima é horrível ou porque as pessoas não são carinhosas ou, bem, porque a comida não é boa. Quem nunca ouviu esse tipo de comentário? É realmente muito comum, mas é importante saber que essa é uma percepção nossa e ela vem do pré-julgamento. Na realidade, dependerá de nosso processo de adaptação, de como estamos abertos a aceitar e a compreender as outras pessoas. Não existe certo ou errado, normal ou estranho — somos apenas seres culturalmente diferentes que temos muito a aprender uns com os outros.

•

2020

O ano de 2020 tem sido um grande desafio para todos, sem dúvida um ano de muitas dificuldades em muitas áreas, perdas de vida humana irreparáveis e vamos caminhando para um quadro econômico mundial de grande preocupação. Por outro lado, abre portas para muitas reflexões e levanta uma questão muito interessante: *Até que ponto a cultura pode ser um obstáculo ou ajuda em um cenário de pandemia?*

Quando o mundo inteiro se viu impactado pelo SARS-CoV-2 (Covid-19), não sabíamos muito bem com o que estávamos lidando. De certa maneira, acredito que todos pensávamos que era um vírus controlável, afinal de contas estamos no século XXI, quando a tecnologia nunca esteve tão avançada! Não há dúvidas de que nos pegou a todos de surpresa.

Fato é que, quando o vírus começou a se espalhar na China, não fazíamos ideia da proporção que isso ia tomar nos meses seguintes. A Espanha foi o segundo país europeu mais afetado pelo vírus, logo atrás da Itália, e neste presente momento, quando estamos prestes a viver uma segunda onda, põe à prova e nos faz refletir profundamente se as características de nossa cultura têm influenciado ou não a propagação do vírus.

Diferentemente da China, país regido por uma ditadura em que a liberdade individual é quase uma ficção e só aceitam uma única interpretação da realidade: a que lhes é dita. O sistema governamental pode ter ajudado a que a Covid-19 se espalhasse, mas seus costumes e práticas sociais também facilitaram a resposta frente à crise. Isso porque os chineses têm culturalmente o sentido de responsabilidade, obediência e disciplina. Ademais, os chineses são socialmente mais fechados e se adaptam facilmente a qualquer mudança.

A Espanha e a Itália são países de sociedade aberta onde a interação social é intensa, não é por acaso que foram impactados fortemente pela pandemia antes que qualquer outro país europeu. Além disso, os hábitos cotidianos e costumes influenciam, nesse caso, de maneira negativa na desaceleração da propagação do vírus.

O problema surge quando esse vínculo social e comunitário que já é estreito se intensifica com as estações do ano, por exemplo. A pandemia chegou para valer na Europa no começo da primavera, quando as temperaturas começaram a subir e, portanto, a intensidade da vida social aumentou drasticamente.

É muito comum que os restaurantes e bares montem suas mesas na calçada (isso mesmo!), até mesmo no inverno, com o apoio de calefatores que deixam a temperatura bastante agradável enquanto as pessoas desfrutam um almoço ou jantar do lado de fora. Por si só, esse costume cultural reúne muitas pessoas principalmente depois do horário comercial e durante os fins de semana, e não é uma cultura marcada apenas pelas reuniões familiares e de amigos, mas também de festas, bailes, carnaval, entre outros. Desse modo, não é nenhuma surpresa que esse vírus, com todas as suas características especiais, se espalhasse incontrolavelmente.

Mesmo com todo um possível cenário econômico, isso não impediu que o Governo da Espanha fechasse as fronteiras em meados de março e decretasse o confinamento em todo o país. Pensávamos que se tratava de uma medida de 15 dias e que voltaríamos a nossa vida normal depois desse período. Creio que ninguém realmente imaginou o que nos esperava adiante.

Até mesmo três dias antes de o estado de alarme ter sido decretado pelo governo, muitas pessoas já estavam trabalhando remotamente, mas os parques estavam cheios de crianças brincando, seus avós ou pais ali, todos juntos, nos supermercados reinou o caos quando toda a população começou a comprar tudo o que podia para fazer estoque em casa. A ordem era "viver a vida normalmente".

Então, três dias depois, o governo decretou o confinamento total. Muitas pessoas que já portavam e estavam incubando o vírus começaram a adoecer ou já haviam transmitido a outras pessoas sem se dar conta. Consequentemente, o índice de contágios deu um salto tremendo e desafortunadamente o número de falecimentos em decorrência do agravamento da enfermidade começou a subir e a assustar a população. Só então fomos capazes de entender a gravidade do problema.

As medidas tomadas pelo governo nos levaram a quase três meses confinados em casa, com permissão de sair apenas para ir ao supermercado e à farmácia. As únicas pessoas que tinham permissão para sair de suas residências eram aquelas que trabalhavam em serviços essenciais, como hospitais, supermercados, saneamento básico, entre outros. E foram três meses bastante longos, trabalhando remotamente, socializando por meio de plataformas digitais e reorganizando todos os planos, viagens e compromissos dos próximos meses.

Nunca fomos tão conscientes de como o capital humano é tão importante para nós. Foi uma sensação muito estranha de repente não ter mais vida social porque é parte de nossa essência, de nossa cultura. Adaptarmos a essa nova realidade e vivermos dia após dia sem saber como vai ser o dia de amanhã sem dúvida é intenso, sobretudo ser consciente de todas as vidas que já se perderam por consequência do vírus e que infelizmente acabou afetando muitas outras vidas pela nossa maneira de viver, nossa conduta social.

Em Madri, atualmente vivemos um novo confinamento por consequência dos feriados que se aproximam e pela chegada do outono. Estipularam até mesmo um toque de recolher com o intuito de erradicar a vida noturna e as festas clandestinas. Na verdade, estamos vivendo uma situação que não tem data de fim, mas agora somos conscientes de que nosso modo de vida tem impactado na erradicação e facilitado a transmissão do vírus.

Tratamos de ser otimistas e mais considerados, pensar nos nossos próximos passos. Agora é o momento de refletir sobre como atuamos e equilibrar nossas atitudes para não adoecer em depressão e ao mesmo tempo cuidarmos uns dos outros, porque somos o bem mais precioso para nós mesmos.

Atualmente, Secretária Executiva Sênior e Business Manager, 2021

Ser humano é o mesmo que qualquer lugar, a despeito das diferenças culturais, todos agimos e reagimos de maneira muito semelhante e quando se está fora da zona de conforto perceber isso pela primeira vez é um grande alívio.

Claudia Eleutério Gomes

CAPÍTULO 5

Claudia Eleutério Gomes: o renascer na terra do sol nascente

Às VÉSPERAS DE COMPLETAR SEIS ANOS VIVENDO E TRABALHANDO no Japão, muitas coisas vêm na minha cabeça, principalmente sobre o processo de decisão de emigrar. Não foi fácil, não foi indolor, não foi inconsequente, não foi natural. Em geral, tenho um olhar pessimista sobre todas as coisas, por isso, sempre preciso ajustar as lentes para ver que a realidade contrasta diametralmente com o que sinto. E é um fato que cá estou eu, viva, e, na medida do possível, feliz.

Vou contar como cheguei aqui e quais decisões de vida que, no decorrer do tempo, ainda que de maneira não planejada para atingir este objetivo específico, acabaram por contribuir com a decisão de emigrar.

O bicho que me rói por dentro

Sempre acreditei de todo coração que a educação fosse um passaporte para uma vida melhor e pudesse — como de fato aconteceu — transformar minha vida e minha história. A educação, formal ou não, é um dos recursos que aproximam você da realização dos seus sonhos. Por meio do aprendizado, eu crio as condições que me aproximam da realização daquilo que idealizei para minha vida. Eu sinto prazer em aprender e aplicar o que aprendi. Sinto mais prazer ainda, agora, em ensinar o que sei.

Sempre busquei olhar as situações como oportunidades de crescimento e aprendizado. Porém, mesmo acreditando nisso, muitas vezes eu não soube dizer exatamente aonde aquele aprendizado me levaria. Muitas vezes, eu questionei se valia a pena continuar insistindo naquele aprendizado. E, embora possa parecer que minha jornada educacional tenha sido livre de percalços, em vários momentos as circunstâncias me levaram para longe dos estudos formais e, consequentemente, para longe dos meus objetivos e sonhos, mas nunca, nunca mesmo, me desviaram um centímetro da crença de que eu estava aprendendo algo que me seria útil depois.

Sendo o desejo de aprender norteador das minhas escolhas, nunca me deixei levar por convenções sociais como idade ou gênero, eu olhava a oportunidade. Fui mãe aos 19 anos, o que me afastou da faculdade e, consequentemente, atrasou minha evolução profissional, mas não a impediu. Entrei, finalmente, na faculdade aos 33 anos, quando já trabalhava numa empresa do setor financeiro. Depois, fiz pós-graduação aos 36 anos, intercâmbio aos 39 anos, casei aos 43 e emigrei aos 46. Hoje, aos 50 anos, estou planejando os próximos passos, porque os sonhos mudaram. Minha visão de mundo agora é mais ampla, minha experiência é maior, consequentemente, eu mudei as prioridades. Então, aprender não acaba nunca, porque é parte do processo de buscar a realização do sonho. E é a isto que eu chamo de "o bicho que me rói por dentro", ou, em outras palavras, aquilo de mais interno que faz você ter vontade de levantar e ir à luta, e que faz você ter foco quando se sente desanimado.

Os Estados Unidos

Saí da Bovespa em setembro de 2008. Algumas semanas depois, recebi a ligação de uma amiga convidando para passar quatro meses nos Estados Unidos estudando inglês. Em geral, quem faz intercâmbio vai estudar em institutos de idiomas, mas ela havia encontrado uma agência que oferecia um programa completo de inglês dentro da Universidade do Missouri (UMKC), que oferecia o curso com o objetivo de nivelar o conhecimento do alunos estrangeiros para que pudessem fazer o TOEFL.[17]

Às vésperas do Ano-Novo de 2009, desembarquei no Aeroporto Internacional de Kansas City, onde começava a aventura que seria o divisor de águas de minha vida pessoal e profissional.

Eu me sentia motivada ao pensar que aos 39 anos e com as responsabilidades da vida adulta, dificilmente teria outra oportunidade como esta, então, não havia tempo a perder e havia muito a aprender, por isso, resolvi ficar um ano. Meu visto não permitia que eu trabalhasse fora dos domínios do campus, e como estávamos no auge da crise econômica deflagrada no final de 2008, não havia empregos. Por isso, procurei o departamento

---

17 TOEFL: *Test of English as a Foreign Language*, exame que avalia a capacidade de falar e entender o inglês acadêmico. É exigido para os estudantes estrangeiros que desejam ingressar nas universidades de países de língua inglesa, notadamente nos EUA. Outras instituições de ensino e empresas também aceitam o teste, porém, a nota obtida é válida por apenas dois anos.

de idiomas da faculdade para investigar o que havia disponível para estudantes intercambistas e descobri que podia assistir às aulas do primeiro período dos cursos da área de Humanidades, visitar as bibliotecas e os laboratórios do campus, participar de ações de voluntariado e dos encontros de conversação em inglês para estrangeiros. Também fiz muito turismo: visitei museus, pontos turísticos da cidade e participei de festas tradicionais.

Mesmo sem saber falar corretamente o inglês, já nos primeiros dias fui à feira, ao supermercado e ao cinema, andei de táxi, trem e ônibus. Negociei minha mudança para um local mais barato, aluguei bicicleta, cantei no coro da igreja, joguei vôlei num time amador, fui convidada para o tradicional jantar do dia de Ação de Graças na casa de uma família americana.

Todos os dias, ao acordar, eu me perguntava "o que vou fazer para aprender algo diferente hoje?". Se já não houvesse algo planejado, simplesmente saía de casa com a mente aberta para ver o que ia aparecer. Às vezes, encontrava um amigo ou uma peça de teatro na praça da cidade, às vezes nada acontecia. Parava num café com cadeiras na calçada ou ia a um mercado popular para ouvir e observar, para captar as combinações de palavras, entender o contexto, e assim ia assimilando o *modus operandi* das pessoas naquela sociedade.

Não importando onde eu estivesse, também me propunha a falar com no mínimo cinco pessoas novas e a aprender cinco palavras ou expressões novas que deveria usar imediatamente, porque cada ambiente tem um repertório próprio de palavras e expressões, então, o melhor lugar para utilizá-lo é no próprio local onde aprendeu. No final do dia, eu fazia um registro do que havia visto, ouvido, aprendido. Funcionava assim:

Dava demonstração física evidente de minha abertura à conversa — em outras palavras:
- mostrava minha disposição em conversar: olhava as pessoas nos olhos, sorria e cumprimentava; aliás, se eu cruzasse na rua com a mesma pessoa pela segunda vez, já começava a cumprimentar;
- copiava os gestos das pessoas evidentemente confortáveis com aquele ambiente;
- puxava conversa: a feira livre era meu local predileto de "estudo", eu perguntava o preço do tomate e isso sempre rendia uma ótima conversa.

Pedia ajuda sempre. As pessoas costumavam ser solidárias com estrangeiros;

Quando cometia uma gafe ou quando alguém apontava um erro (em geral as pessoas eram gentis, mas nem todos têm sensibilidade com estrangeiros);

Jamais julgava uma pessoa por seu comportamento, considerando que a diferente era eu;

Parece paradoxal, mas eu também tenho um grande senso de autopreservação. Por isso, era fundamental observar o ambiente e as pessoas, tentando ler nas entrelinhas de cada situação o que era viável ou não do ponto de vista da segurança pessoal. Eu tinha que cuidar de mim, porque estava sozinha e tinha plena consciência que, sendo estrangeira, as pessoas poderiam querer tirar vantagens ou me colocar em perigo real. Dessa forma, apesar de eu tomar a iniciativa de conversar, só abordava estranhos em local movimentado e mantinha uma distância de dois braços, ficando atenta à movimentação da pessoa. Também evitava andar na rua à noite, pegar carona com estranhos e conversar com homens quanto estava sozinha, mesmo dentro da faculdade.

Durante as aulas, tive a chance de conviver com gente do mundo todo: árabes, chineses, coreanos, egípcios, espanhóis, franceses, indianos, iranianos, iraquianos, japoneses, russos, tailandeses, turcos, pessoas de toda a América Latina, e, claro, os mais desafiadores, outros brasileiros. Com isso, aprendi a ouvir os mais diferentes sotaques e a compreender o inglês dos falantes de outras nacionalidades, com maneirismos característicos de suas origens.

Também passei muita vergonha por não entender o que era falado ou por violar os códigos de conduta local, mas foram estas situações que me renderam as melhores oportunidades de aprendizado intercultural. Por exemplo, entendi que não podia tocar as pessoas nem deixar de fazer contato visual enquanto falavam, e que deveria esperar minha vez de falar — nós, brasileiros, em situações sociais, falamos todos ao mesmo tempo.

Também aprendi a responder com cuidado, pois descobri que tinha o hábito de concentrar minha atenção no que eu ia falar em vez de ouvir o que estava sendo falado.

Como gregários que somos, o isolamento não nos é natural, a capacidade de comunicação é o que nos destaca e nela está contida a capacidade de facilitar a aproximação seja pela fala, seja pelos gestos, seja pelos ideais. Não à toa nosso cérebro está preparado para ver rostos nas coisas, para perceber a linguagem corporal antes de ouvir a voz. O ser humano é o mesmo em qualquer lugar. A despeito das diferenças culturais, todos agimos e reagimos de maneira muito semelhante e, quando se está fora da zona de conforto, perceber isso pela primeira vez é um grande alívio. A palavra "saber" tem uma relação muito estreita com os cinco sentidos. Você só pode dizer que sabe algo que tenha submetido a eles. Ainda me lembro do gosto da pizza de meu restaurante favorito em Kansas City, do cheiro do carpete novo no prédio do dormitório da faculdade, do som do sino da igreja onde eu cantava no coro e das luzes coloridas na praça da cidade na noite do *Thanksgiving*. Lembranças que aquecem meu coração de experiências que me ensinaram como é grande este mundo e como somos privilegiados por poder viver nele!

Quando cheguei de volta ao Brasil, eu tinha um novo olhar sobre todas as coisas porque, além do idioma, havia uma bagagem cultural consistente. Eu havia mudado e tinha um desejo enorme de ressignificar meu mundo e o mundo ao meu redor.

Porém, a reentrada na cultura original é tão impactante quanto a descoberta de uma nova cultura, porque você quer mudar as coisas ao seu redor para se encaixarem em sua nova perspectiva. Acontece que você não pode esquecer que, a despeito do idioma e das idiossincrasias, os comportamentos que nos tornam humanos são os mesmos em qualquer lugar do mundo, portanto, mesmo entre pessoas conhecidas, principalmente seus familiares, entrar num grupo formado requer cuidado, seja no retorno ao seu próprio lar, seja quando for conhecer a família do novo namorado, os colegas de equipe na nova empresa, os vizinhos no novo bairro ou cidade. Rapidamente compreendi que não pega bem você ficar falando o tempo todo de como as coisas eram "melhores" ou "diferentes". Você perdeu a inocência porque viu coisas novas e diferentes, mas não gera simpatia nenhuma ter tido uma oportunidade que a maioria das pessoas não teve — e, pior, acha que nunca terá. Então, se eu posso deixar aqui uma dose homeopática de senso de preservação de sua integridade moral: não fique comentando o tempo todo e para todos sobre sua maravilhosa experiência internacional. Responda com simpatia e humildade o que lhe for perguntado. E só.

Entenda que o "diferente" é você, e que sua nova maneira de enxergar o mundo e se relacionar com ele são parte de um processo de aprendizado pessoal, que só pode ser compartilhado com pessoas que compactuam dos mesmos interesses. Isso vale para todas as situações com pessoas, independentemente de ter viajado ou não, e neste conhecimento está a essência da tolerância.

Do lado profissional, minha vida após o retorno dos EUA deu uma grande guinada. O domínio do idioma, por si só, foi a habilidade técnica que me proporcionou acesso a uma gama enorme de possibilidades profissionais, e que me colocava pela primeira vez numa posição de poder escolher o emprego que eu quisesse em minha área, em vez de aceitar o que aparecesse. Eu trabalhei no escritório brasileiro do fabricante de um famoso whisky, em duas renomadas consultorias, uma jurídica e outra estratégica, ambas de origem europeia, além de, ao longo do tempo, vez ou outra ser consultada por algum *headhunter*.

Claro que, no decorrer do tempo e mesmo quando eu já estava nos EUA, desanimei algumas vezes. Isso acontece quando não temos um objetivo claro. Se eu pudesse dar um conselho a mim mesma, diria "faça tudo de novo, só que desta vez, sem medo". E o que mitiga o medo? O planejamento, o conhecimento, a informação e uma pitada de ousadia. Afirmo que a experiência de viver fora transformou minha vida para melhor e enriqueceu minha experiência, porém, se eu tivesse um objetivo ou uma meta estabelecida mais claramente e planejada mais efetivamente, poderia ter potencializado ainda mais os benefícios que conquistei com esta vivência. E para ninguém dizer que sou pessimista e mal-agradecida, ainda hoje, dez anos depois, colho, com muita gratidão, os frutos daquela viagem.

2009 - Chicago / EUA

Antes do Japão

Conheci o Ricardo num shopping. Na praça de alimentação lotada, ele me ofereceu um lugar na mesa que ocupava sozinho. Era meados de 2011, no auge da doença de minha mãe eu tinha poucas oportunidades de sair sozinha e neste dia eu tinha ido cortar o cabelo. Estava saindo do salão radiante com meu novo visual. Entre as idas e vindas de todo início de relacionamento, namoramos cerca de dois anos antes de decidirmos nos casar.

Desde que nos conhecemos, Ricardo falava como o Japão era um lugar maravilhoso para viver e trabalhar e de seu desejo de retornar — por isso digo que não me casei enganada — e, embora não tivéssemos ideia de quando isso poderia acontecer, resolvemos que, tão logo passasse o prazo exigido pela lei japonesa para solicitação de visto de cônjuge, prepararíamos minha documentação, apenas por precaução.

No início de 2013, eu tinha uma vida estruturada em São Paulo. Era secretária-executiva numa multinacional de consultoria jurídica, à noite era professora universitária em dois cursos de Secretariado, tinha carro do ano e apartamento montado. Eu estava retomando minha vida após a morte de minha mãe, meu filho havia se casado e minha neta tinha nascido. Eu tinha um novo amor, a vida seguia tranquila e favorável e decidimos que era hora de dar um passo além. Fomos a Fortaleza pedir a bênção a meu pai e apresentá-lo ao restante da família. Casamos em dezembro daquele ano.

2012 - Ricardo, parceiro de aventuras

2013 - Nosso casamento

Logo depois do casamento, eu deixei o emprego de secretária para me dedicar ao mestrado e fiquei apenas com as aulas nas faculdades. Apesar de estáveis, nossos empregos não pagavam salário condizente com as nossas necessidades. Estávamos aguentando firme porque ele tinha chance de promoção, o que, de fato, aconteceu, até com boa margem de aumento salarial. Do meu lado, o mestrado era de apenas dois anos, e com o título meu salário também subiria.

Mas, no início de 2015, nossa situação financeira estava bem difícil e foi preciso recorrer a empréstimos bancários e ajuda dos amigos. Então, decidi abandonar o mestrado e voltar ao mercado como secretária-executiva, o que trouxe alívio pela certeza de que poderíamos pagar as despesas e planejar como pagar as dívidas que havíamos contraído.

As coisas estavam começando a se acertar quando ele recebeu uma chamada urgente do Japão para resolver um problema com a casa que possuía lá e estava alugada. Os inquilinos haviam saído e as prestações do financiamento, que eram cobertas pelo valor do aluguel, deixaram de ser pagas. No Japão, o não pagamento em dia de qualquer financiamento acarreta muito rapidamente — coisa de três a quatro meses — consequências que vão desde a inclusão do nome numa lista de mal pagador por pelo menos cinco anos, o que, por sua vez, dificulta a abertura de conta em banco, a aquisição de cartões de crédito e a compra bens de consumo, podendo chegar à dificuldade para encontrar fiadores institucionais e arrumar emprego. Esse cadastro é nacional e amplamente divulgado, a depender do tamanho ou do tempo da dívida, e se o devedor for estrangeiro, pode até mesmo impedir a renovação da permissão de permanência no país.

Com tudo isso em mente, e como o salário dele no Brasil não era suficiente para enviar o dinheiro das prestações, ele achou melhor viajar para apresentar-se ao banco credor e ao juiz e, quem sabe, diante da promessa de voltar a trabalhar no Japão, conseguiria evitar o pior. Era uma solução radical, mas que se apresentava como a mais factível já que ganhar salário em ienes representava uma chance — ainda que pequena — de recuperar a casa e ainda mandar dinheiro para saldar as dívidas no Brasil. A economia japonesa havia se recuperado quase completamente da crise de 2008. Não havia a pujança dos anos anteriores à crise, mas não faltava mais emprego, diziam os amigos e antigos empregadores com quem entrou em contato. Trabalhar na empresa de aviação facilitou a compra das passagens, e em menos de uma semana depois da primeira ligação ele embarcou para a terra do sol nascente.

Retornou ao Brasil deixando engatilhadas uma promessa de emprego, uma reunião marcada com o advogado do governo que ia cuidar do caso do imóvel e a decisão de voltar a viver no país. Entre a primeira ligação recebida e o embarque pela segunda vez, decorreu apenas um mês. Foi então que minha vida arrumadinha de recém-casada com emprego novo como secretária da vice-presidência em uma consultoria estratégica de renome internacional começou a balançar. Passa bem longe de ser o momento mais fácil ou o mais bonito de toda a minha vida. Decisões difíceis, inevitáveis e, talvez, irreversíveis precisavam ser tomadas. Eu vivia um misto de tristeza, raiva e senso de impotência diante daquela necessidade que agora era minha também. Reagi mal à decisão que, embora eu compreendesse e tivesse concordado racionalmente, no íntimo eu esperava que houvesse outra saída. Meu marido embarcou para o Japão faltando poucos meses para completarmos dois anos de casamento, deixando para trás uma esposa magoada, uma filha do primeiro casamento e um típico histórico de dificuldades enfrentadas pelos retornados.

Os meses seguintes foram para mim de pura agonia. Primeiro, eu tinha que decidir se queria ou não ir para o Japão. Como emigrar nunca esteve efetivamente nos meus planos e como eu estava voltando a ter a vida organizada, endividada, é verdade, mas com o bom emprego que eu tinha, era uma questão de tempo até que tudo estivesse resolvido, por isso, naquele momento eu não via muito sentido em deixar tudo para trás. Amigos e familiares compartilhavam desse sentimento, mas duas pessoas foram fundamentais para minha decisão de emigrar: meu pai e meu filho. Ambos diziam que eu deveria encarar isto como uma experiência positiva de vida e que, caso não fosse ao encontro de meu marido, jamais saberia. Além do mais, eu tinha conquistado um patamar na vida que me dava o que sempre sonhei desde pequena: liberdade e independência para fazer o que quisesse. Ainda que isso incluísse desfazer de todo bem material que havia conquistado até ali. Porém, mesmo assim, eu me sentia como uma ostra fora da concha, exposta e sensível.

Meu Pai

Meu Filho

Minha vida estava de cabeça para baixo com tudo isso e eu acabava falando coisas que magoavam as pessoas, principalmente meu marido. Certo dia, liguei para ele e disse que eu não iria viajar, brigamos e nos magoamos ainda mais. Tive a convicção de que meu casamento havia chegado ao fim. Horas depois, ele me ligou de volta dizendo que havia decidido lutar pelo nosso casamento e, então, me fez prometer que eu iria usar o tempo que fosse necessário, mas que na próxima vez que falássemos eu teria uma resposta definitiva e ele respeitaria minha decisão.

Passei uma semana pensando em tudo que havia vivido até ali. Lembrei-me das palavras de meu pai sobre ser independente. Lembrei-me de meu filho dizendo que ele era feliz com tudo o que me fizesse feliz e que eu deveria seguir adiante porque já tinha feito a minha parte com ele e tinha liberdade. Lembrei-me do quanto minha mãe lutou para poder ser e fazer o que quisesse. Lembrei-me de que, se meu casamento estava acabado de qualquer jeito, se eu fosse e constatasse o pior, poderia voltar e começar tudo de novo, mas também percebi que poderia ser tudo diferente. E, então, entendi que apesar de o Japão estar do outro lado do meu mundo, estava me oferecendo a oportunidade de exercer a liberdade de ir além do que eu jamais imaginei. O outro lado do mundo era o mais longe que uma garota que queria apenas ser secretária de rádio de cidade do interior poderia chegar.

Já haviam passado quatro meses de sua viagem quando tivemos essa conversa. A partir do momento que o avisei da decisão de ir com ele foram mais quatro meses de preparativos e planos. Eu precisava sair do emprego, desmontar meu apartamento, dar um destino para meu carro, e a parte mais difícil, me despedir das pessoas queridas. Recebi muito apoio, mas também muita reprovação, afinal o Japão não é exatamente logo ali.

Finalmente, Japão

No dia 30 de março de 2016, embarquei com destino aos Estados Unidos, onde faria a primeira conexão de minha viagem de 36 horas. Para minha aventura do outro lado do mundo, eu estava levando apenas duas malas de trinta e dois quilos e uma pequena mala de mão. Toda minha vida futura estava contida naquelas três malas. Hoje eu teria trazido mais livros e menos roupas, mas a ansiedade de começar do zero era tamanha que não fiz muita questão de trazer lembranças da vida que eu deixava para trás.

2016 - Chegada ao Japão

Chego a Nagoya em um dia chuvoso e meio frio. Cansada, ansiosa, curiosa. Marido vai me buscar de carruagem prateada semi-nova e, passando por ruas limpíssimas com prédios incrivelmente altos para um lugar onde há terremotos e por viadutos intrincados cheios de carros com aspecto meio futurista mas com cara de ursinho feliz, me leva para nosso castelo a quarenta quilômetros dali, na cidade de Okazaki: uma quitinete de dez metros quadrados montada com cama de casal, frigobar, lava-roupas, panela de arroz, micro-ondas e um cafeteira elétrica acoplada a um forninho em que cabia uma única fatia de pão de forma. Tinha dois copos, dois pratos, dois jogos de garfo e faca e duas panelinhas de alumínio compradas numa loja de *hyakuen* (equivalente às lojas de R$ 1,99 no Brasil), a primeira palavra que aprendi em solo japonês (eu já sabia o que todo mundo sabe: *ohayo* – bom dia; *arigatô* – obrigado; *sayonara* – até logo).

Era véspera do feriado de primavera — o mesmo que agora, quatro anos depois, uso para escrever este capítulo e, para minha sorte, as *sakuras* estavam floridas (eu aprenderia depois que a cerejeira — a *sakura* —, cuja floração é um evento celebrado no Japão inteiro com festivais de fogos de artifício, é uma variedade não frutífera da planta). E esses primeiros dias foram de descobertas deliciosas para alguém que como eu é supernovidadeira. Cada detalhe me chamava a atenção e eu resolvi dividir essa experiência com as pessoas com uma *hashtag* no Facebook (#CoisasdoJapon) fazendo uma brincadeira com o jeito de falar dos japoneses que não conseguem pronunciar a sílaba "ão" do português. Lá eu mostro as surpresas e as decepções do dia a dia de minha vida no Japão.

Em geral, os seres humanos têm uma capacidade tremenda de se adaptar a diferentes lugares e situações, como um mecanismo de sobrevivência. Isso é extremamente paradoxal porque, ao mesmo tempo, somos seres apegados a rotinas, nosso cérebro sempre procura uma forma de automatizar os comandos. Quando sentimos medo em situações ou locais aos quais não estamos acostumados, isso é decorrente da comparação com o antes. O medo inibe a curiosidade e toda a ação dela decorrente. Mas, se entendermos que este momento é passageiro e lidarmos com esse estranhamento sem medo, nos tornamos capazes de modificar e de nos adaptar rapidamente.

Passado o feriado, meu marido voltou ao trabalho e eu fiquei em casa. Lembrei-me de quando era criança e mudava de cidade a cada dois anos. Quando já era grande o suficiente para andar sozinha, eu costumava sair e dar uma volta completa no quarteirão para fazer uma espécie de reconhecimento do território. Resolvi me aventurar pela vizinhança e descobri um parque com um templo xintoísta, supermercados, restaurantes, uma grande avenida, escola, empresas, e descobri que morava numa região relativamente comercial da cidade. Aos poucos, fui me aventurando cada vez mais longe, até que descobri uma biblioteca, onde havia aulas de japonês para estrangeiros nos finais de semana, completamente gratuitas. Nas semanas que se seguiram, eu ia à biblioteca quase todos os dias. Lá havia muitas atividades, um pequeno museu com peças do período imperial e um acervo de discos antigos de jazz que podiam ser ouvidos, e que eu adorava. As aulas de japonês aconteciam aos sábados e lá eu aprendi os primeiros cumprimentos, formas de agradecer, pedir desculpas, e os quarenta e seis caracteres que deveria decorar para começar a ler em japonês.

No domingo subsequente a minha chegada, fomos à igreja brasileira onde meu marido já conhecia todo mundo. Fui muito bem recebida lá e é de onde vieram os primeiros amigos, gente por quem tenho o maior carinho até hoje. Foi meu primeiro contato com imigrantes brasileiros que vivem no Japão há tanto tempo que já estão completamente aculturados. Seus filhos — alguns nem são mais crianças — nasceram ou vieram tão pequenos que frequentaram a escola japonesa e são fluentes nos dois idiomas. Um aspecto me chamou a atenção nesse primeiro contato, e isso posso ver replicado em toda a comunidade: o linguajar é um misto de português e japonês, então é comum ouvir algo parecido com: "o *kaishá* onde eu trabalho não tem *zanguiô*" (*kaishá* – empresa; *zanguiô* – hora extra); "lá, o *chatyô* é bem *kibishí*" (*chatyô* – chefe; *kibishí* – exigente); "esta semana eu estou muito *issogashí*" (*issogashí* – ocupado).[18] Confesso que, neste aspecto específico, quatro anos depois, estou completamente aculturada.

Também o comportamento dos imigrantes de longa data já incorporou maneirismos como cumprimentar as pessoas com uma mesura ou aceno de cabeça, chegar aos eventos com dez minutos de antecedência, cobrir a boca para sorrir, falar sem mexer a boca, sempre estacionar o carro de ré, tirar os sapatos ao entrar, e posicioná-los virados para fora da casa para facilitar calçá-los na saída. Estes e outros aspectos eu fui aprendendo com o tempo e eu mesma acabei adotando todos eles.

Ao chegar ao Japão, eu achava que ia me sair muito bem com minha fluência em inglês. Acontece que eu não contava com o fato de o povo japonês ser bastante nacionalista, o que os leva a valorizar ao extremo suas origens, cultura e idioma. Nas escolas regulares se aprendem os silabários, os *kanjis*, e nosso abecedário, conhecido como *romaji*, ou letras romanas. Isto permite que as crianças possam aprender a escrever em inglês desde muito cedo. Porém, a pronúncia é trasladada para

---

18 Eu transcrevi a forma como se fala para aproximar o máximo possível da pronúncia original da palavra em japonês. Ainda que, obviamente, estas palavras tenham sua escrita própria no idioma, a transcrição correta para letras romanas seria: *kaisha, zangyo, shatyo, kibishi* e *isogashi*.

o código fonético japonês — o *katakaná* —, criando um efeito sonoro muito engraçado que obviamente passa bem longe do inglês.

Já fiz três cursos de conversação básica, no entanto, o idioma japonês é cheio de nuances. Há formas diferentes de dizer a mesma coisa dependendo de quem fala, para quem se fala e em qual circunstância, tornando a memorização bem difícil para alguém que, como eu, apesar de viver aqui, tem pouco contato diário com nativos.

Apesar de todo o esforço, ainda hoje não estou nem perto de poder me comunicar em japonês, mas com a ajuda dos aplicativos de tradução e da boa vontade característica dos japoneses, consigo fazer praticamente tudo o que preciso. Ajuda também o fato de que vivo em uma cidade que é reduto da comunidade brasileira no Japão e onde posso desfrutar do benefício de ter tradutores, intérpretes, placas e informativos em português nos locais públicos, hospitais, clínicas e órgãos do governo. Além, é claro, da gentileza dos amigos que tenho feito.

Minha preocupação agora é que, ainda que ninguém seja obrigado a aprender a falar um idioma tão difícil com rapidez, permanecer sem saber é um forte indício de arrogância. Em qualquer circunstância, morar em outro país pressupõe um grau de exposição que deverá levar ao conhecimento do idioma e da cultura local. Há uma janela temporal de tolerância em relação a sua capacidade de aprender, a qual se reflete na maneira como os imigrantes mais antigos se relacionam com os mais novos. Se ele considera que você já está no local há tempo suficiente, espera que você, apesar de não falar o idioma, tenha assimilado certos comportamentos. Caso contrário, há uma escalada de represálias possíveis, que vão desde o comentário maldoso, puro e simples, até a fofoca prejudicial aos superiores hierárquicos no ambiente de trabalho. Comigo, aconteceu no meu segundo ano. Apesar de estudar, eu ainda não identificava a diferença entre duas palavras que são traduzidas simplesmente como "por favor". Eu precisei pedir um favor a uma professora japonesa (que falava inglês) e ao final da frase eu disse uma palavra quando deveria ter dito a outra. Minha colega brasileira, que falava japonês, me repreendeu em voz alta e com ironia, insinuando que eu estava sendo grosseira com a professora. Eu fiquei muito constrangida, porque era óbvio que não era minha intenção, e todos, inclusive a professora, sabiam de meu esforço e das minhas dificuldades.

Idioma e cultura

Na realidade, falar japonês não é difícil — difícil é ler e escrever! Além de não haver sons desconhecidos para nós, a gramática é relativamente simples. A dificuldade está no fato de que as palavras não apresentam relação alguma com nenhum idioma que eu tenha aprendido antes, o que dificulta a memorização. Mas o processo de aprendizagem é o mesmo de qualquer outro idioma, exige prática, insistência e o melhor dos professores: a necessidade.

No idioma japonês, não há som para todas as consoantes (exemplo: "L" vira "R"), e os encontros consonantais exigem o acréscimo de uma vogal (são as mesmas que conhecemos), razão pela qual meu nome, "Claudia", vira "Ku-Ra-U-Di-A" e o do "Ricardo", "Ri-Ca-Ru-Do". Por causa dessas características, apesar de o vocabulário do cotidiano conter muitas palavras em inglês, estas ficam irreconhecíveis na pronúncia em japonês, por exemplo, *ice cream* fica "aisu kurimu"; *strawberry é* "sutoruberi"; *melon é* "meron"; *Brazil é* "burajiru".

A escrita japonesa é composta por dois conjuntos de vinte e três sílabas cada um: o *hiraganá*, que serve para escrever palavras de origem japonesa, e o *katakaná*, para palavras de origem estrangeira. Há ainda os *kanjis*, que são os caracteres que representam significados completos, cujo número, embora não possa ser precisado, gira em torno de dois mil, atualmente. Hoje eu sei ler e escrever caracteres dos dois silabários e alguns *kanjis*, sei falar um pequeno conjunto de palavras e sentenças completas que me permitem andar de transporte público, fazer compras, entre outras atividades simples do dia a dia.

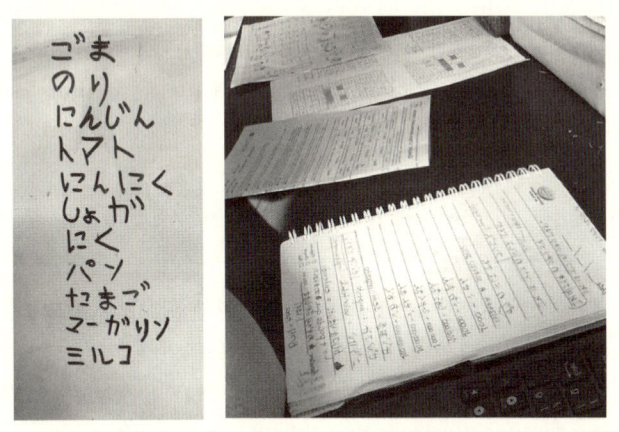

Imagem à esquerda: Minha caligrafia em caracteres Japoneses - Lista de Compras
Imagem à direita: Minha caligrafia em caracteres Japoneses - Estudos

Minha primeira vez no supermercado japonês foi uma alegria e uma tristeza ao mesmo tempo. Alegria por encontrar um ambiente superfamiliar que, por causa da globalização, quem viu um, viu todos. Tristeza por constatar que absolutamente nenhum produto tem rótulo em inglês, apesar de os supermercados estarem cheios de comida ocidental. Porém, dois aspectos chamaram minha atenção nesses primeiros tempos: a quantidade de comida industrializada e o sabor adocicado de tudo, principalmente, embutidos (bacon, salsicha e presunto).

A cultura japonesa está centrada em tradições milenares e sutilezas que um ocidental corre o risco de viver aqui uma vida inteira e jamais perceber ou compreender. Entre os aspectos mais visíveis, enfatizam a importância de reverenciar a outra pessoa em detrimento próprio (demonstrar modéstia é muito valorizado, por exemplo), de ter respeito pelo que é coletivo (ajudar a limpar a sala de aula ou a rua no bairro onde mora) e agir conforme as regras — e elas são muitas! Para dar apenas um exemplo, o ato de curvar-se é o gesto que revela, pela profundidade da curvatura, a consideração que se dá ao interlocutor:

> *5 graus – mesura leve com a cabeça, informal, usada em situações do dia a dia entre familiares e amigos.*
> *15 graus – mesura com a parte de cima do tronco, casual, usada entre conhecidos para cumprimentar ou agradecer.*
> *30 graus – mesura formal, usada com pessoas mais velhas ou consideradas superiores, geralmente no trabalho.*
> *45 graus – mesura formal, usada com pessoas de status muito superior ou devido a forte sentimento de culpa.*
> *Nas mesuras formais, os homens mantêm os braços esticados acompanhando a linha do corpo conforme se curvam. As mulheres apoiam as mãos nas pernas ou as juntam na frente do corpo, na direção do abdômen.*

90 graus – de joelhos com a cabeça entre as mãos – usada em circunstâncias muito graves que envolvem morte ou grande prejuízo.

O respeito pelo tempo é outro dos aspectos que os brasileiros, em particular, têm mais dificuldade de assimilar, porque não é apenas uma questão de não se atrasar, mas de perceber o valor do tempo do outro. No Brasil, utilizamos a hora marcada apenas como parâmetro, iniciamos com um atraso aceitável que varia de 10 a 30 minutos, e, usualmente não respeitamos o horário de término ou tentamos compensar no final o atraso inicial. Aqui os eventos começam e terminam pontualmente.

Preocupada com isso, eu sempre chegava aos meus compromissos com 20 a 30 minutos de antecedência para não correr o risco de me atrasar. Até o dia que ouvi que chegar tão cedo também era coisa de brasileiro (que sabia que ia atrasar!). Aquilo me deixou muito constrangida, e fui me informar: o ideal é você chegar ao local cerca de dez minutos antes do início, pois chegar mais cedo do que isso tira do anfitrião a oportunidade de estar completamente preparado para receber com o respeito que você merece. Em eventos com muitas pessoas, o convite explicita a hora de abertura do local e a hora do início dos trabalhos. No final, geralmente termina-se dez minutos antes para dar tempo de o público sair e o local ser limpo e arrumado para ser entregue.

Claro que há atrasos. Porém, ao perceber que vai atrasar, o convidado deve avisar o anfitrião com o máximo de antecedência possível, e se for o caso, sugerir novo encontro ou cancelar sua participação. Certa vez, fui convidada a almoçar na casa de uma japonesa, e avisei que ia chegar 30 minutos atrasada. Ela cancelou o almoço porque outra convidada não poderia se atrasar para ir embora. Em outra ocasião, fomos almoçar com amigos japoneses de meu marido e na saída do restaurante parei para cumprimentar uma conhecida, quando voltei para me despedir, os japoneses já haviam ido embora.

No quesito alimentação, a culinária japonesa é muito mais rica do que os *sushis* de *cream cheese* e os *temakis* que a gente tanto gosta no Brasil. Claro que o *sushi* é o que há de mais tradicional na cozinha nipônica, e assim como a gente come feijoada no bar da esquina ou no restaurante caro que separa as carnes nobres, come-se *sushi* no *self-service* em que os pratos são trazidos por uma esteira rolante, ou no restaurante centenário em que o *sushiman* herdeiro do negócio faz um a um na hora e custa muito caro.

Entre outras comidas não tão populares no Brasil, estão o *nabe* (espécie de ensopado com arroz e carne); os macarrões lámen, *soba* e udon, servidos com um saboroso caldo quente chamado *dashi* ou gelado com frutos do mar e vegetais, e os doces à base de feijão *azuki* ou arroz. Aliás, é impressionante a quantidade de iguarias que se faz com arroz.

Trabalho

Logo que cheguei, precisei trabalhar na fábrica por um mês. Meu marido havia pedido ao seu contratador ajuda com a documentação para me trazer e, em consideração a isso, precisei pagar o favor.

Era uma pequena fábrica de autopeças e componentes eletrônicos para máquinas caça-níqueis que fornecia para fábricas maiores. Tinha uns vinte funcionários, dos quais seis brasileiros. O chefe era um japonês nos seus cinquenta anos que nos tratava bem, era paciente e brincalhão. Todos os brasileiros estavam na linha de montagem das placas eletrônicas. A linha era manual, ou seja, meu trabalho dependia do colega que me precedia e assim por diante até o primeiro da fila, responsável por desembalar e limpar as placas desmontadas. Sendo a penúltima da fila, eu era responsável por testar a placa montada, ligando dois interruptores nos receptores da mesa para que as lâmpadas de *led* acendessem numa determinada sequência de cores. Quando isso não acontecia, eu deveria chamar a supervisora japonesa e dizer a palavra "furiyô", que significa defeito, e também é usada popularmente para identificar pessoas que não se encaixam nos rígidos padrões de comportamento japoneses.[19]

Às 9 horas em ponto, eu já deveria estar posicionada em minha bancada, em pé, de avental, com uma espécie de tornozeleira presa à mesa de metal para evitar choque elétrico. Assim eu permaneceria até a hora do primeiro intervalo de dez minutos, às 10h30 quando, eu poderia ir ao banheiro e beber água. Às 12h20, parava para o almoço e às 13h já estava posicionada novamente. À tarde, mais um intervalo de dez minutos e terminava às 18h, tendo testado uma média de oitocentas placas.

No final do primeiro dia, meu indicador e polegar da mão direita estavam machucados, meus calcanhares doíam tanto que mal conseguia andar, meus quadris pesavam tanto que parecia

---

19 A palavra é utilizada para designar grupos de motociclistas que personalizam suas motos para fazer barulho e outras pessoas consideradas desajustadas socialmente. As tatuagens representam um capítulo à parte, porque possuem uma estreita relação com os integrantes da *yakuza* — máfia japonesa. Muitas empresas exigem que elas sejam escondidas ou nem contratam; e em muitos locais públicos, como as famosas termas — os *onsens* – e as piscinas públicas, não é permitida a entrada de pessoas com tatuagens.

que iam cair. Meu marido foi me buscar, me ensinou a despedida formal em que você se curva 45 graus e diz *osaki ni shitsuree shimasu* (me desculpe por ir embora mais cedo), e o chefe respondia *otsukaresama deshita* (agradeço por seu trabalho).

Aquele mês demorou uma eternidade para terminar. No último dia, ao sair, fiz muitas mesuras em agradecimento, mas por dentro eu estava agradecida por ter acabado. Espero não precisar voltar a trabalhar em fábrica. É um trabalho digno que sustenta 99% da comunidade brasileira em atividade no Japão, mas não é para mim.

Cheguei a procurar emprego como secretária mas, apesar de fluente em inglês, não domino o idioma local nem as sutilezas de comportamento social exigidos pela cultura japonesa no ambiente de trabalho. A lógica do trabalho secretarial está em fazer uma ponte entre as necessidades do executivo/empresa com o mundo exterior, portanto, se não posso me comunicar com eles, ou se não posso representá-los socialmente, minha função está anulada.

Sendo assim, a opção profissional mais óbvia e mais rápida para mim seria tentar algo na área de educação, aproveitando minha experiência como professora universitária. Aqui há várias escolas que atendem estudantes brasileiros desde a educação infantil até o ensino médio, e que seguem as diretrizes curriculares do Ministério da Educação brasileiro. Nessa época, minha enteada havia acabado de chegar ao Japão, e quando meu marido foi matriculá-la em uma das maiores escolas brasileiras do Japão — com cinco unidades em três províncias —, aproveitou para levar meu currículo e pedir uma posição como professora de inglês. O dono dessa escola é japonês e percebeu que ter escola brasileira seria um grande negócio, já que a comunidade não para de crescer.

Você pode estar se perguntando qual o sentido de estar num país estrangeiro e manter os filhos em uma escola que replica a educação e cultura brasileiras. Os motivos são muitos — menos o financeiro, já que a escola pública japonesa é muito mais barata (aqui não há ensino gratuito) —, as pessoas vêm ao Japão com a intenção de ficar pouco tempo e acham que não vale a pena; há casos em que a criança não se adaptou ao rígido estilo de educação japonesa ou tem dificuldade para aprender o idioma; há casos de *bullying* e diagnóstico duvidoso de doenças mentais e comportamentais.

Na época, não havia vagas abertas para professores, mas a diretora gostou de meu currículo e achou que eu tinha habilidades que não poderiam ser desperdiçadas numa fábrica — embora não haja escassez de mão de obra para as fábricas, é crônica a falta de qualificação para trabalhos que envolvam habilidades sutis. Ela, então, me convidou para ministrar uma palestra na Associação de Escolas Brasileiras no Japão e enviou meu currículo para o diretor do polo de educação à distância do SENAC que havia aberto há pouco mais de um ano dentro da unidade de Hamamatsu, na província de Shizuoka. O processo foi rápido e fui contratada após as entrevistas de praxe.

O conteúdo do trabalho reunia minhas duas áreas de *expertise*: a secretarial, em que eu deveria prestar atendimento ao público, ao diretor e aos alunos, organizar aulas e reuniões e elaborar documentos; e a pedagógica, na qual eu deveria tirar dúvidas e auxiliar na elaboração de trabalhos.

2018 - Trabalho em Tokyo

2018 - Passeio em Tokyo

2018 - Trabalho em Hamamatsu

2020 - Novas Possibilidades Profissionais

As relações de trabalho no Japão são completamente diferentes do que estamos acostumados no Brasil, onde temos uma legislação bastante paternalista e voltada para o atendimento das necessidades do empregado, muitas vezes, em prejuízo da empresa. No Japão, parte-se do princípio que o funcionário deve ser grato ao empregador por aceitá-lo e lhe dar uma oportunidade de aprender por intermédio do trabalho. Com isso, a lei permite a contratação efetiva, contratação com ou sem tempo determinado, por algumas horas ou certos dias da semana.

Meu contrato era de dois anos. Eu tinha direito a dez dias de férias remuneradas após um ano e, a partir da renovação do contrato, ganharia um dia a mais de férias a cada ano. No entanto, se faltasse ao trabalho por questões de doença ou problema pessoal, ou se a escola fechasse por causa das condições climáticas ou de segurança sanitária (furacão, terremoto, surto de gripe), quando todos são obrigados a ir para casa, este dia de trabalho seria descontado das férias. Não há tolerância com atrasos. Caso você se atrase entre 1 e 29 minutos, serão descontados 30 minutos, entre 31 e 59 minutos, uma hora, e assim por diante.

A cultura japonesa também é fortemente orientada para o gênero masculino. Recentemente, uma famosa universidade teve que se retratar por dificultar o ingresso de mulheres no curso de medicina por acreditar que no futuro abandonariam a carreira para se dedicar ao casamento e à família. No ambiente de trabalho, as questões de assédio sexual e moral são recorrentes. Os salários das mulheres são menores do que os salários dos homens. Um operário homem ganha em média ¥ 1.200 por hora (cerca R$ 66,00[20]), ao passo que as mulheres na mesma função ganham ¥ 900 por hora (cerca de R$ 49,00[21]) por hora.

Outro aspecto cultural presente no ambiente de trabalho é o respeito aos funcionários mais velhos, os *sempai*. Literalmente, a palavra significa "mais experiente", mas na prática não reflete necessariamente excelência profissional, mas senioridade. O

---

20 Cotação de 30 de outubro de 2020.
21 Cotação de 30 de outubro de 2020.

respeito ao mais velho de casa deve ser observado mesmo que a diferença de tempo de início entre duas pessoas seja pequena ou o novato seja mais velho de idade. Nas fábricas, significa que o funcionário deve aguardar até que alguém diga e supervisione o que, como, onde e para quando o trabalho deve ser feito. A escola replicava esta lógica e meu desconhecimento sobre este aspecto afetou de maneira muito contundente os acontecimentos nos primeiros tempos de trabalho.

O diretor do SENAC, ao perceber que eu tinha conhecimento e experiência, me deu autonomia para trabalhar, desde que eu o mantivesse informado. Entretanto, como funcionária da escola, essa autonomia acabou gerando um problema com a diretora, que se incomodava com o fato de eu não pedir permissão, nem buscar orientação para executar o trabalho. Por esta razão, eu era vista como insubordinada e arrogante ao não considerar a senioridade de meus colegas de trabalho como meus *sempai*. Levei tempo até perceber que com o diretor acontecia a mesma coisa, por ele também ser novato na empresa. Ainda que ele estivesse no mesmo nível hierárquico da diretora da escola, e tivesse autonomia, o fato de ele não reconhecer a senioridade dela e não a tratar como *sempai* nos gerou problemas de relacionamento que afetaram o fluxo de trabalho. Chegamos a um ponto em que o departamento de recursos humanos recusou-se a pagar por dias de trabalho em que eu estava a serviço do SENAC fora da escola, simplesmente por não ter batido o cartão de ponto. O proprietário japonês da escola apoiou a decisão em detrimento da interferência do diretor do SENAC.

É particularmente verdadeiro aqui no Japão que o ambiente de trabalho, principalmente onde há muitos estrangeiros, seja um campo minado, extremamente hierarquizado, que reprime a criatividade e não incentiva as conquistas individuais, produzindo uma mentalidade tóxica que reverbera nas relações entre os membros da comunidade brasileira que vive aqui, tipificando um comportamento egoísta e reativo.

A certa altura, eu percebi que este desgaste diário estava produzindo um ambiente hostil e improdutivo, com represálias dos colegas, e decidi me adequar. Comecei procurando a diretora da escola e a responsável pelo departamento financeiro, pessoas com quem eu tinha que trabalhar diretamente, mas a quem eu não estava subordinada de fato, e me coloquei à disposição, pedindo orientações precisas de como deveria proceder e o que deveria ser feito. Sendo o diretor meu superior imediato, combinei com ele que no tocante às questões que envolvessem a escola eu seguiria as orientações da direção da escola, mas manteria a autonomia sobre as questões pedagógicas e comerciais que envolvessem exclusivamente os alunos do SENAC.

Como num passe de mágica, o fluxo de trabalho tornou-se produtivo e meu relacionamento com os colegas, harmonioso e amigável. No entanto, os métodos de trabalho são ultrapassados, e, mesmo as pessoas reconhecendo isso, tinham receio de fazer diferente do que foi orientado, porque teriam que assumir a responsabilidade pelo resultado diferente, mesmo que fosse melhor. Esta situação gerava uma enorme frustração, e muitas vezes eu chegava em casa inconformada com a ineficiência e a falta de compromisso com os resultados, mas com o tempo, entendi que deveria guardar minha essência e direcionar minha energia para outras áreas.

Não falar o idioma e não conhecer a cultura me negou oportunidades nas minhas áreas de *expertise*, mas me tirou da zona de conforto e tive que ressignificar o modo como eu sabia utilizar minhas habilidades. O trabalho no SENAC exigia que eu mantivesse contato com a área do Consulado Brasileiro em Hamamatsu ligada à educação, por intermédio da qual eu conheci empresários, donos e diretores de outras escolas brasileiras, escolas de idiomas e centros de reforço educacional para alunos brasileiros em escolas japonesas. A partir destes relacionamentos é que surgiram oportunidades profissionais mais interessantes, nas quais podia utilizar meu conhecimento e experiência.

Foi neste contexto que conheci a pessoa que mais me ensina a ser japonesa mesmo sendo brasileira, me dá todas as dicas de etiqueta empresarial japonesa, além de me levar a lugares e eventos frequentados por japoneses. Com ela, desenvolvo projetos, organizo eventos, sou mestre de cerimônias em eventos. Por sua sugestão e incentivo, cheguei bem perto de passar num concurso público para uma entidade do governo brasileiro que atua aqui no Japão, além de me brindar com sua amizade carinhosa.

Também conheci a pessoa que hoje é minha chefe e que confiou em meu trabalho pelas gentis palavras de um interlocutor. Hoje, sou professora de inglês e espanhol e desenvolvo um trabalho de treinamento, coordenação e supervisão de outros professores, trabalho no qual tenho total liberdade e aprendo todos os dias. Amo o trabalho que faço e esta é uma oportunidade ímpar aqui no Japão.

Amigos

Minha convivência com a comunidade brasileira é intensa por causa do trabalho. A cidade onde moro — Hamamatsu, província de Shizuoka — é um reduto de brasileiros no Japão, por isso, não se dá dois passos sem encontrar um conhecido. Muita gente me conhece — sem que eu as conheça! —, inclusive, muitos estrangeiros. Também frequento uma igreja cristã, e aqui há representantes de todas as denominações cristãs e de todas as demais religiões.

Nestes dois ambientes estão a maioria das pessoas que conheço e de onde surgiram amigos especiais. Gente da melhor qualidade que me ajuda a superar as dificuldades de viver longe de casa e de tudo que eu amo e me faz falta. Aqui faz todo sentido aquela máxima de que amigos são a família que a gente escolhe, já que todo mundo deixou a família no Brasil.

No entanto, é raro recebermos os amigos em casa, ou porque elas são muito pequenas, ou porque trabalhamos demais, e não há muito tempo livre disponível para os encontros sociais. Também somos naturalmente barulhentos e isso geralmente causa problemas com os vizinhos japoneses, sempre tão quietos e respeitosos com o espaço alheio. Os encontros sociais são reservados para os feriados quando vamos a churrascos à beira do rio, na praia, ou seguindo o costume japonês, embaixo das pontes e viadutos ou em parques, nos meses de verão. No mais, seguimos nos encontrando e ajudando sempre que possível. O brasileiro — para além das características de nossa malfalada síndrome de vira-lata — é, antes de tudo, solidário, alegre, amável e, definitivamente, forte.

Saudade

Começo este trecho de minha narrativa de coração estilhaçado pelas notícias que acabo de receber do Brasil. Não posso eternizar o motivo nestas páginas porque envolve acontecimentos da vida de pessoas que eu amo e a quem devoto o maior respeito pelos seres que são e pelas lutas que travam. Mas este fato é o preâmbulo oportuno para descrever o que acontece quando você, por opção, vive longe de quem ama, aqui incluídos os familiares e aqueles que a vida dá e que muitas vezes são mais chegados que irmãos de sangue. Tenho a sorte de ter a ambos, e o azar de sofrer por ambos, o que torna tudo mais complexo.

O que é a saudade? O dicionário descreve como sentimento nostálgico originário da falta que se sente de algo, de alguém ou de uma situação que passou. Dizem que é um sentimento tão difícil de descrever que nem todos os idiomas possuem uma palavra específica para isso.

Para quem emigra, a saudade é um tabu, não se fala disso — pelo menos aqui no Japão —, porque todos deixaram alguém para trás. Muitos não veem seus pais ou filhos há vários anos, muitos não vão ver mais. Já participei de um sem número de campanhas para ajudar pessoas que precisam ir embora às pressas para ver seus entes queridos uma última vez. Às vezes, não chegam a tempo.

Na prática, funciona assim: a gente parte porque fez uma escolha de vida num momento crucial em que viajar era a opção menos pior entre as alternativas, ainda que quem esteja de fora da situação pudesse considerar que você tinha uma saída "melhor" — "defina 'melhor', cara pálida!" — diria eu quando tinha a língua mais solta e era menos, digamos, sensível aos sentimentos alheios. Porém, o fato é que uma vez emigrado, ou, de forma mais genérica, uma vez tomada qualquer decisão, a verdade é que você não sabe o que teria acontecido se tivesse tomado outro caminho, de maneira que tem que conviver com as consequências dessa tal decisão. Para o emigrado, a saudade é só uma das consequências.

Para mim, a decisão de emigrar tem como consequências não ver minha neta crescer ao vivo, não poder celebrar a vida com minhas pessoas favoritas, não poder estar com meu pai, que foi diagnosticado com câncer logo após minha viagem, não poder estar ao lado dos que choram por seus motivos tão particulares, mas que certamente tinham em nós um apoio moral que fosse, não poder buscar o mesmo apoio nos queridos que gentilmente ofereceriam seus colos quentes e seus abraços acolhedores.

Filho e Neta

Não escrevi isso para que você chore, generoso leitor. Minha história não passa nem perto da tristeza das histórias que ouço por aqui. Minha saudade e minha tristeza são, na verdade, motivos de desdém aqui e no Brasil, onde já recebi a alcunha de "covarde" por ter emigrado. Não ligo. Coloco isso no rol das situações em que você é julgado por ter feito algo que o outro não teve coragem de fazer: tomar uma decisão definitiva, ou seja, que vai mudar sua vida e, possivelmente a dela, e isso significa simplesmente que você está colocando esta pessoa diante de um fato da vida que talvez ela não queira encarar. Como se diz por aqui, *shoganai*, não posso fazer nada.

Mas posso fazer por mim, planejar meus próximos passos, viver um dia de cada vez buscando realizar as coisas que, no final, me ajudarão a alcançar cada objetivo que desenhei para mim e minha família, cada meta que estabeleci, cada pequeno desejo que ajudará a concretizar o que sonhei quando atravessei o mundo para encontrar o amor.

2020

Não dá para fazer um relato baseado em experiências culturais sem falar do ano de 2020. A pandemia da gripe mais avassaladora das últimas décadas atingiu o mundo todo de forma literal, contundente e inexorável.

Ainda que minha família mais próxima no Japão e no Brasil não tenha sido diretamente afetada pela doença, foi muito impactada por suas consequências sociais, aqui entendidas como isolamento imposto, mudança de comportamentos determinada por lei, muitas incertezas, entre outros.

Aqui no Japão há dois fatores que contribuíram para que este período fosse menos pesado para a população em geral, um cultural e um político, resultando, até mesmo num baixíssimo número de mortes confirmadas (aproximadamente 1.500 mortes[22]).

O fator cultural está relacionado aos hábitos que o povo japonês já possuía anteriormente à crise: uso de máscara hospitalar em público; uso de álcool para higienização das mãos, especialmente em lojas e supermercados para higienizar as manoplas dos carrinhos de compras; pouco ou nenhum contato físico mesmo entre amigos próximos e familiares; tirar os sapatos utilizados na rua antes de entrar em casa, etc.

Do ponto de vista político, o governo japonês tomou decisões consideradas radicais (e que podem ter culminado na renúncia do primeiro-ministro), que partem do pressuposto de que é mais inteligente aprender a conviver com o vírus do que tentar impedir seu alastramento. Que atire a primeira pedra o governo que acertou todas as decisões políticas e sanitárias para proteger a população contra a doença e sua rápida disseminação.

Esta premissa baseou-se em estudos científicos, mas também considerou o senso comum e a cultura local, o que trouxe bastante flexibilidade para a população. Por exemplo, ainda que em meados de maio tenha sido decretado estado de emergência, o comércio permaneceu aberto, as empresas não pararam totalmente, não foi instituído o teletrabalho, as aulas nas escolas

---

22 Fonte: Pandemia de covid-19: A polêmica estratégia do Japão de "conviver" com o coronavírus, por Lioman Lima, Editoria BBC News Mundo, publicado em 7 outubro 2020, disponível em https://www.bbc.com/portuguese/internacional-54447391.

japonesas foram suspensas por um curto período de tempo e não abriram a possibilidade de fazer aulas remotas. Suspenso o estado de emergência, o governo promoveu ações de incentivo à economia local, distribuindo ajuda financeira a pessoas físicas e empresas, e orientou o retorno às atividades com regras de distanciamento social que, pelo visto, vigorarão, senão para sempre, por um longo período de tempo. Atualmente, tudo funciona em bases normais.

Por essas razões, eu não senti os efeitos das imposições sociais devastadoras que ouvimos falar do Brasil e do restante do mundo. Meu trabalho passou a ser, em grande medida, remoto (as escolas brasileiras acabaram por adotar o modelo de isolamento mantido no Brasil, mais por medo do que estava acontecendo com suas famílias do que por imposição das autoridades japonesas). O trabalho de minha família não foi afetado significativamente pelos efeitos econômicos da pandemia, apesar de sabermos que setores dependentes de importações sofreram bastante e algumas empresas tiveram que demitir.

Minha rotina, portanto, sofreu apenas ajustes para considerar o fato de que, sendo eu a passar a maior parte do tempo em casa, passei a ter mais disponibilidade para as atividades domésticas. Isso me causou um grande desconforto, não só porque nunca gostei das tais, mas porque agora parecia uma imposição. Fora do âmbito das discussões sobre papéis sociais de mulheres e homens, na minha experiência, entendi que eu quero levar uma vida mais feliz, rodeada das pessoas que amo e sendo capaz de ajudá-las, da mesma forma como ajudo meus alunos, meus amigos e até pessoas de círculos mais afastados, porque isso é parte do que eu sou. Decidi que as atividades domésticas não deveriam ocupar o centro de minha vida, tirando, por exemplo, o prazer de estudar, de utilizar as capacidades que adquiri no mercado de trabalho, como escrever este livro ou participar de outros projetos, e, principalmente, tirar meu tempo com as pessoas que amo. Para todas as atividades domésticas, existem alternativas mais eficazes do que minha dedicação exclusiva a elas.

No aspecto prático e cotidiano, o que me afetou durante este período foi o desabastecimento. Isto porque me deu uma estranha sensação de que entregamos demais nossa capacidade de sobrevivência às grandes corporações (por exemplo, ao menor sinal de que poderia faltar papel-higiênico, houve uma corrida aos supermercados — que, aliás, foi repetida mundialmente —, para adquirir o produto. Ora, eu estava muito mais preocupada com a falta de água potável para beber, cozinhar e até mesmo tomar banho!)

Apesar de, por razões que eu não sei explicar, termos sido protegidos de muitas formas, o clima geral entre nossos amigos e familiares é de muita tensão. Todos nós temos relatos de amigos que acabaram se contaminando e, na pior das hipóteses, morrendo. A situação que se impôs ao mundo neste fatídico ano nos ensina, pela dor, muitas lições, porque não foi somente a perda de um ente querido que nos impactou, mas, principalmente, o fato de termos sido tão agressivamente confrontados com nossos piores medos. O medo até se alastrou muito mais e trouxe consequências muito mais graves do que a própria doença.

Eu não sei descrever qual seria a mais importante das lições a tirar deste ano (que devemos cuidar melhor uns dos outros, talvez!), mas sem qualquer dúvida, eu afirmo que, para além de todas as previsões, este ano marca o fim de uma era em que avançávamos rumo à dissolução dos valores que nos tornam humanos, que representam a cola que une nossa conduta em relação aos outros. Houve muitos erros de avaliação, muitos problemas, muitas dificuldades, mas também há muita solidariedade, e muita esperança. É com isso que eu conto todos os dias.

Fecho, então, meu relato, com um desejo enorme de deixar uma mensagem positiva. Acredito no ser humano e em sua capacidade de se adaptar, recuperar e prevalecer neste mundo. Não sou inocente, não tenho ilusões sobre a correspondente capacidade humana de estragar tudo por dinheiro ou poder, mas, no nível das preocupações com a sobrevivência, se não houver a menor esperança, não há como se manter de cabeça erguida. Os poderosos que pensam que estão no controle dos seus títeres prestarão contas de seus atos malignos, assim como aqueles que com eles compactuam. Eu, do alto de meu metro e meio de pura ousadia, prefiro permanecer tentando ser melhor a cada dia.

Trabalho 100% remoto

São as conversas que temos connosco próprios que são importantes e -NOS- DEFINEM não o barulho A NOSSA VOLTA ao acreditarmos ·E·M· N·O·Ó·S as possibilidades são infinitas

Carpe Diem Paula Maio

CAPÍTULO 6

Paula Moio: a força da mulher africana conquista a Inglaterra

Introdução

Este lindo *projeto-livro* surge na minha vida numa altura em que projetei para o Universo uma vontade, quase necessidade, de voltar a escrever.

Normalmente, nos últimos três meses do ano eu reflito sobre o ano corrente e projeto, em linhas vagas, o ano seguinte. O ano de 2018 tinha sido um ano intenso pessoal e profissionalmente, tão intenso que comecei a ter sinais físicos pontuais que me deixaram a pensar no velho ditado Português: *"Elas não matam, mas moem"*. Foi então que decidi criar uma consciência de mais equilíbrio e proteção para a minha saúde física e, consequentemente, mental. Prometi a mim mesma que 2019 seria mais brando: teria que recusar alguns projectos; queria ter mais tempo de lazer comigo própria e com a minha família, e queria muito debruçar-me a fazer algo que sempre me apaixonou: escrever; e sobre algo que sempre me intimidou: vlogging.

Ora, e o Universo que nos escuta atentamente e sempre conspira para nos ajudar. E no espaço de uma semana entre si, são-me apresentadas várias propostas de profissionais que muito admiro e respeito para integrar cada um dos projetos que lideram. De um lado, a Marcela Brito, com o capítulo-relato para este livro. Do outro lado, as queridas Adriana Neves e Isabel Baptista com uma proposta para produção de dois vídeos para o Secretariado na TV – ainda por concluir.

Mais tarde Julia Schmidt oferece-me a possibilidade de uma entrevista para o seu blog Organizational Heath & Wellbeing for Assistants, e recebo também um convite da Kathleen Drum – a excelente editora da Executive Support Magazine – para integrar o quadro de autores freelancers da revista.

Quanta honra e privilégio, mas acima de tudo, que alinhamento quase perfeito – nós projectamos para o universo, e ele manifesta-se e conspira para nos ajudar!

Dois dos projectos têm uma particularidade que os distingue: são conexões apenas virtuais em países e culturas diferentes. É a sinergia fascinante entre o poder da tecnologia e a interculturalidade!

E o que é afinal a interculturalidade? Segundo o site Roberto Sganzerla[23]

> "A interculturalidade tem lugar quando duas ou mais culturas entram em interação de uma forma horizontal e sinérgica. Para tal, nenhum dos grupos deve encontrar-se acima de qualquer outro que seja, favorecendo assim a integração e a convivência das pessoas.

---

23 Definição de interculturalidade segundo o site Roberto Sganzerla http://www.robertosganzerla.com.br/comunicacao-e-visao-intercultural/

(...) Por outro lado, a interculturalidade consegue-se através de três atitudes básicas, nomeadamente a visão dinâmica das culturas, o fato de acreditar que as relações quotidianas têm lugar através da comunicação, e a construção de uma ampla cidadania com igualdade de direitos."

A forma orgânica como este trabalho se desenvolveu, centrado no trabalho original feito pela Marcela Brito com o seu livro *Secretariado intercultural*, vem ao encontro desta intenção deliberada de integração, inclusão, tolerância e respeito pela diferença – a interculturalidade.

É este tema rico que transmite tanta humanidade neste mundo essencialmente virtual em que vivemos, que nos propusemos a explorar sob a vertente da internacionalização de uma carreira em secretariado.

Background (Histórico)

Nascida em Luanda, Angola, filha de funcionários públicos e oriunda de uma família de laços políticos fortes na luta contra o colonialismo. Geração da guerra, testemunha de uma das mais longas guerras civis em África...

Neta materna de uma linda mulher africana, *Catarina Mateus do Nascimento*, de pele negra reluzente, de silhueta altiva, que, diz a lenda, de sangue azul - descendente da rainha Ginga. E de um português minhoto, *João da Costa Brito*, que re-nasceu angolano.

Avós maternos – João da Costa Brito e Catarina Mateus do Nascimento

As férias de março passávamo-las com os avós todos os anos, e criávamos memórias de uma dimensão e riqueza cultural incomensuráveis.

Passávamos o dia a explorar pequenas matas de onde fugíamos desesperadamente se de repente um de nós se lembrasse que afinal nos poderia aparecer uma cobra; ou andávamos atrás de galinhas; ou ficávamos a observar o trabalho fascinante de uma equipa de mulheres fortes, num exemplo extraordinário de *team work*, a fazerem a farinha de mandioca. Um processo, que sem dúvida evocava tradição, paciência, conhecimento, robustez e paixão pela qualidade e excelência do produto final, e que era minuciosamente acompanhado e liderado pela minha querida avó.

Ao entardecer, do avô, ouvíamos estórias de um Portugal longínquo, quase intocável, de reis conquistadores. Ouvíamos também a rádio de Portugal, que passava músicas do José Cid, que já nos anos 1970 era uma celebridade que tocava os corações nostálgicos da sua diáspora.

À noitinha, e porque em África, seguindo a tradição, as estórias só se podem contar à noite, sentávamo-nos no quintal ao redor do fogareiro a assar banana, mandioca e ginguba (amendoim), para ouvir da minha avó estórias tradicionais, místicas de reis sábios e de feiticeiros.... E ninguém mexia um músculo sequer, pois ao mínimo ruído todos gritávamos estarrecidos de medo. Esgotados, adormecíamos a sonhar que éramos heróis entre reis e feiticeiros......Infância de uma riqueza extraordinária de culturas cruzadas.

Mas também uma infância marcada por circunstâncias e estereótipos que me fizeram sempre sentir diferente – era a menina que falava português correcto, e por isso alvo de quase chacota. Mas o meu pai, que era fluente em cinco línguas, sempre me incutiu o dever de me expressar com precisão. Pois segundo ele, uma língua deve sempre ser falada e usada correctamente.

Voltando à diferença, eu era a única menina negra na classe do jardim-escola, ou pelo menos era essa a minha percepção, de tal modo, que foi aí que se manifestou a minha primeira consciência e vergonha, e por isso sempre solitária, como se uma praga eu tivesse. A única criança que quase nunca tinha os pais por perto e o colo da mãe para chorar. A única prima enviada para um colégio interno de madres aos cinco anos de idade no outro extremo geográfico do país. E aos dez anos de idade eu já vivia do outro lado da fronteira, em Kinshasa, como filha de político, e refugiada de guerra, com pessoas que nunca tinha visto na vida, e em condições extraordinárias de extrema pobreza. Dez meses depois, a 21 de abril de 1976, chego a Lisboa, à tão longínqua e desejada Metrópole. Para nos receber, estava uma enorme bancada da Cruz Vermelha com doações de agasalhos. E, mesmo assim, não escapámos do frio gelado apesar da Primavera.... Os natais de 1976 e 1977 já são passados num cenário contrastante e até sofisticado: numa Vilamoura já então exclusiva, mas não tão explorada e por isso ainda muito autêntica. Só uma particularidade se mantinha: eu continuava uma criança só e solitária, no meio de pessoas e circunstâncias que tive que aprender a conhecer e a adaptar-me a elas.

Contudo, e em retrospectiva, estou convencida de que todas essas singularidades e adversidades foram em preparação às voltas que a vida me ofereceu. Aprendi desde muito cedo a saber transformar o negativo que a vida me deu/dá em meu favor. Em positivo, em lição de vida, no meu atributo mais poderoso; no meu "poder mágico", ou, como se diz em Inglês, no meu *unique selling point* – a adaptabilidade.

Para mim, o processo de interculturalidade em nós, e a nossa habilidade de estarmos confortáveis e adaptarmo-nos à diferença, começa muito antes da sua materialização física. Eu creio que, sem mesmo nos apercebermos, há uma série de eventos que experimentamos em preparação e que antecedem "a mudança".

É o desenvolver de um estado de alerta e misto de tolerância que nos deixam de mente aberta e aptos para o que não é igual com uma certa tranquilidade de espírito.

É esse estofo emocional que chamamos de **inteligência cultural**, tão fulcral nas nossas relações interpessoais, que nos impulsiona a ir mais além e ter a coragem de quebrar barreiras e romper fronteiras, literalmente, e tornármo-nos, assim, cidadãos do mundo.

A Jornada

O meu segundo êxodo (o primeiro teria sido em 1975 como refugiada de guerra), dá-se com o nascimento das minhas filhas gêmeas (1993) e forças motoras de todas as minhas acções. Estávamos em agosto de 1994 - foi o segundo maior acto de coragem que tive na vida – o primeiro foi decidir trazê-las ao mundo como mãe solteira. Com o romper de um relacionamento de dez anos, estava então mais frágil e vulnerável como nunca – nem os meus momentos mais solitários de criança indefesa num mundo desconhecido foram tão assustadores e incertos. Tinha feridas profundas, dilaceradas pela dor e abertas, mas dois seres de luz lindos, que eram o meu sol, dependiam totalmente de mim. E com a coragem de guerreira transcendente que só uma mãe tem, emigrei.

Ao contrário de uma emigração econômica, ou expatriação, a minha partida de Luanda foi uma escolha necessária em busca de uma filosofia de vida, um futuro mais estável, mais justo e mais seguro para as minhas meninas. Estávamos num país ainda em guerra, que vivia de uma economia paralela, por isso extraordinariamente caro. E onde as necessidades mais básicas e primárias dos cidadãos (como educação e saúde pública de qualidade aceitável) eram consideradas um luxo, a que só uma elite tinha acesso.

Uma sociedade incerta, e de construção machista, em que as mulheres eram seres-objeto dignos de um tratamento desigual. Um clima socioeconômico instável e a degradação eram visíveis. O meu país tão amado estava na pior das fases e a precisar desesperadamente de mudança. É uma dor sem dimensão nem limites, a destruição que a guerra dos homens causa a um povo.

Eu aspirava muito mais para mim e para as minhas filhas. Então decidi abdicar de um certo conforto econômico que o privilégio social me permitia, e parti com *'a minha mala de cartão'*, muita esperança e fé, determinada a conquistar um futuro, que apesar de incerto, com certeza seria mais digno para mim e para as minhas meninas.

Por outro lado, eu precisava de ir embora, de sair daquele espaço para ter a possibilidade de abrir mão do que resultou do final da relação emocional. Precisava de um período em solitude e de reflexão para que me pudesse ensinar a perdoar a mim própria pelo mal que permiti que me causassem, e a aprender a resgatar a minha autoestima, as minhas convicções, bem como criar um espaço para a pessoa em que eu me estava a transformar – enquanto mulher, mãe e ser humano.

O dia da partida chegou tão rápido que mal tive tempo de me despedir da minha terra, da minha gente – dos cheiros, dos sons e de um povo, que apesar de tão sofrido, sempre encontrou um motivo para sorrir das vicissitudes do seu dia-a-dia.

A família e os amigos foram chegando um a um e, sem que eu desse conta, tinha um comboio de sete carros a escoltar-nos para o aeroporto. Depois do *check-in* feito, voltei para a sala para o último adeus – uma multidão de gente, a minha gente - mas não me consegui despedir deles. Virei costas. Apertei a mão da minha prima-irmã-companheira-comadre, nesse momento entra a correr o pai das minhas filhas, que num abraço amigo me diz: "Se quiseres voltar, conta comigo incondicionalmente." Senti um frio na espinha e apercebi-me, com muito medo, da dimensão do passo que estava a dar e, num momento de pânico, lembro-me de ter pensado: "O que é que estou a fazer, meu Deus?". Solucei em prantos por alguns minutos, creio eu. Respirei fundo. O marido da minha melhor amiga estava a meu lado e enquanto me abraçava, olhou para mim enternecido. Acenei para a minha gente e entrei para a sala de embarque com as bebês e a minha querida tia heroína, Maria das Dores.

Tendo como base de apoio, Lisboa – onde até hoje reside a minha mãe – decido ousar mais além e, na primeira oportunidade de um trabalho precário, não hesito e parto para Londres, Inglaterra, em janeiro de 1995. É claro que esta decisão e processo de transição tornaram-se mais fáceis pelo facto de ser portadora de um passaporte da Comunidade Europeia, o que me permitiu atravessar a fronteira sem os condicionalismos legais inerentes a um passaporte não europeu.

Londres sempre foi o destino sonhado desde as primeiras aulas do Preparatório: desde as imagens no livro de textos do Big-Ben e dos soldados de casaco vermelho e chapéus pretos de formato estranho, aos 'pen-pal friends' na adolescência, em que num Inglês rudimentar tínhamos a audácia de expressar o sonhar de além fronteiras.

Mas a realidade desnuda o sonho, e aí tenho o meu primeiro encontro no espelho: em episódios pontuais de extrema dificuldade, a primeira perda literal de identidade em fracção de segundos, o embate cultural, o desfasar de uma diáspora dispersa, a rotação de crenças entre o que somos e a transição para o que passaremos a ser. A solidão. A solitude. O medo. A incerteza. A saudade da família, dos amigos, do meu lindo e amado país, dos momentos e dos sábados.....

(E por falar em saudade, deixo-vos um extrato de uma *short-story* (pequena história) que escrevi para um livro de receitas e estórias de imigrantes, que o World Service Serviço Mundial da BBC produziu em 2016 - '*From the World Service Kitchen*' - onde é profundamente reforçada a conexão entre a comida, os sabores, os cheiros e a nossa identidade.)

"For the first couple of years after I left Angola, I could not acknowledge a Saturday, or if I did acknowledge them, it would be a difficult, tearful and miserable day. So, I decided to lock them deep in my heart until I was ready to accept that Saturdays were going to be different from then on. Saturdays have been different for some time now, and that's ok."

"*Os dois primeiros anos desde que deixei Angola, os Sábados tinham que ser ignorados, e se eu não os ignorasse, tornavam-se dias difíceis, chorosos e miseráveis. Então decidi trancá-los bem no fundo do meu coração, até que eu estivesse pronta a aceitar que os sábados seriam diferentes desde que emigrei. Há algum tempo considerável que os sábados têm sido diferentes, e aceitar que o sejam, já não é tão doloroso assim.*"

Oh, mas a fé que teima em ser fiel companheira de todas as horas, e a determinação em criar um legado para as minhas filhas, sussurravam-me para que confiasse e tivesse a certeza de que tudo iria dar certo! Afinal, ultrapassado o medo, conquista-se um estado de liberdade empoderante em que acreditamos sermos capazes de conquistar o nosso espaço para criar o nosso legado.

Integridade e foco e a responsabilidade da integração

A mudança e a viragem, foram certamente dos "vales mais profundos" que tive na vida e isso exigia de mim uma atenção excepcional. Como diria o grande Quincy Jones: *"A vida é cheia de vales e montanhas, mas são os momentos que passo nos mais profundos dos vales que me permitem conquistar o mais profundo dos medos e as maiores batalhas".*

Esta citação reflete integralmente o período de 1994 a 2000. Revejo-me em cada palavra. A intensidade desse período de grande mudança e transformação na minha vida requeria um estado de humildade tridimensional em mim - como indivíduo/mulher, como mãe solteira e como profissional. E um foco afinado, observador, cuidado e incisivo.

Foi um período difícil, de uma fragilidade à flor da pele, em que todas as decisões eram um risco sem meio termo. Momentos dolorosos de saudade, de conflitos internos e ajuste cultural, que ao extremo se perde a identidade em fração de segundos, pelo medo do desconhecido e do diferente. De lágrimas derramadas em noites de angústia. De opiniões contrárias. De conselhos não solicitados. De planos fracassados. De segundas chances e planos Bs, e Cs... muitos. E o constatar, da forma mais vil ou amiga, que é nos nossos momentos mais difíceis que conseguimos descortinar e avaliar a natureza humana e quando as pessoas se revelam quem realmente são. Foi um período em que as respostas às minha dúvidas, tinham sempre como base os meus valores de integridade, a minha intuição e a minha fé. Ainda que isso significasse ir contra tudo e todos – provando que sou uma taurina implacável, pragmática e resiliente por excelência!

O consolo diário e a justificação constante eram o sorriso, a inocência, o abraço terno e o funguinho quente com bafo húmido das minhas bebês tão inteiramente dependentes de mim; do meu equilíbrio; da minha resiliência e leveza emocional. E ao fim de um longo dia em que a instabilidade era maior pelas certezas precárias, era nas minhas filhas que eu buscava refúgio; era nelas onde eu sempre me encontrava, e por elas que eu nunca me perdia. Elas eram a minha fonte de coragem para enfrentar o incerto e o desconhecido. Elas eram, e ainda são, o meu existir, a minha crença e o meu eixo.

No processo de adaptação, o "choque" está no primeiro impacto em si e no que eu chamo de "estereótipo do estrangeiro". É importante frisar que eu cheguei a Londres já com o nível proficiente, mas uma coisa é o inglês que ouvimos nos filmes e na TV, e outra, é o inglês que ouvimos na terra dos donos da língua!

Há diferentes níveis de entonações e conotações, todos tão distantes de um inglês standard a que estamos habituados, o que dificulta a compreensão. Foram necessárias muitas sessões de TV (noticiários e programas infantis) para que pudesse começar a decifrar os ditongos.

Neste processo, o estereótipo começa porque o estatuto de estrangeiro quase que automaticamente nos relega para uma "categoria de segunda classe". Acredito que as pessoas não o façam deliberadamente, mas acho que não conseguem perceber que sotaque não significa falta de inteligência, habilidade ou competência. Logo há uma tendência latente para uma atitude mais condescendente para o estrangeiro, o que pode criar em nós um deficit na autoestima e uma atitude passiva.

É, portanto, primordial quebrar essa barreira e derrubar o estereótipo nos dois lados em questão, pois acredito que o preconceito não está necessariamente num lado só. Este será com certeza material para debates e pesquisas.

Passadas as etapas iniciais, em que são lançados os alicerces para nos suster e nos afirmarmos como imigrantes, por outras palavras – conquistada a primeira vitória - é chegada a hora de finalmente colocar o foco na integração.

E voltando ao princípio de que uma língua tem e deve ser usada e falada corretamente, as crianças começaram no jardim escola em 1998, e com elas também comecei eu um processo de reintegração profissional.

Porém, para que essa integração fosse a cem por cento, eu senti a necessidade de conhecer mais a fundo, não só a língua, mas também a sociedade que escolhi para a minha família. E, em setembro desse mesmo ano (1998), matriculo-me num curso de ensino adulto para Acesso à Universidade em Sociologia com Língua Inglesa. *(juntar foto certificado com a legenda:)*

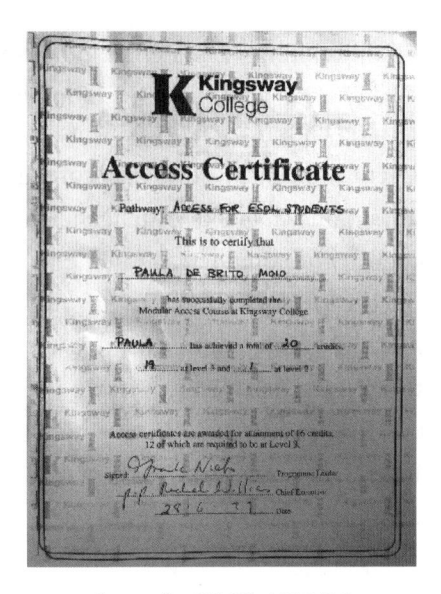

Access for ESOL 1998/99

Foi das melhores decisões que tomei, eu diria até fulcral no meu desenvolvimento e na integração da minha família como unidade ou componente social, pois tive a oportunidade de aprender os meandros, a estrutura fundamental e as fundações da sociedade Británica – desde o sistema de educação, legal, político-histórico, bem como a aprendizagem avançada da língua Inglesa (gramatical, coloquial e escrita).

No colégio, terminámos com a apresentação individual de um trabalho escrito a 8 de Junho de 1999. Eu tinha assim selado a minha integração na sociedade britânica. Um marco importante que me capacitou e empoderou. Um *insight* valiosíssimo que me permitiu decifrar os tão vitais códigos culturais e sentir-me parte integrante desta sociedade. Considerei-me e senti-me a partir daquele momento cidadã e participante activa da sociedade Britânica - uma verdadeira e orgulhosa Londrina; ou como os ingleses dizem: uma insider, e uma *proud londoner*[24].

Era, e é, muito importante para mim fazer parte, contribuir, e sentir-me integrada à sociedade que escolhi para criar as minha filhas. Acredito que sem o entendimento profundo da língua e dos códigos culturais de um povo, de uma sociedade, das suas vidas, dos seus costumes, da sua história, estaremos a criar uma barreira cultural entre nós próprios e os nossos filhos.

Sou também da opinião de que o trabalho de integração e inserção deve ser uma convergência de esforços de ambas as partes – do país que nos recebe e de nós, como pais e cidadãos contribuintes e com direito a voz no construir de uma sociedade que escolhemos para nós e para a nossa família.

Cabe-nos, portanto, também a nós participar activamente nesse processo de inclusão no seu todo – social, cultural, histórico, político-económico - que é de mútua responsabilidade e será benéfico a todas as partes constituintes.

Sinto-me infinitamente grata ao Reino Unido por nos ter acolhido com uma responsabilidade social e humana, mesmo apesar de não haver laços ancestrais. Um gesto de compaixão que mostra a grandeza e o altruísmo de uma nação, o que não tive no meu país natal, e muito menos encontrei em Portugal – país colonial com o qual tenho uma ligação de ascendentes directos.

Integração profissional

A minha primeira tentativa para encontrar emprego foi, naturalmente, tentar próximo de "casa": surgiu uma vaga para

---
[24] Nativo ou residente de Londres.

assistente do executivo máximo numa entidade angolana e eu tive a oportunidade de ser entrevistada.

Porém, durante a entrevista, apercebi-me rapidamente que eu não teria a menor chance de concorrência, depois de ter visto o despacho escrito no meu CV *"filha de um grande nacionalista ...... já falecido."* Mais tarde, descobri também que a posição seria inevitavelmente oferecida ao candidato indicado pela pessoa com maior influência política no meu País. Infelizmente, uma triste realidade que afinal me era ainda muito familiar.

E com isso afastei toda e qualquer possibilidade de trabalhar com e para a minha comunidade.

Outro episódio engraçado, e uma das coisas mais estranhas que me foi dito quando cheguei a Londres, e em conversa com pessoas da diáspora angolana, foi que eu não iria conseguir trabalhar em secretariado no Reino Unido, *porque o secretariado aqui era diferente (!!).*

Ora, aqui estava uma bela razão para eu correr atrás e tentar entender que diferença seria essa que me impediria de trabalhar na minha profissão aqui, pelo simples facto de estarmos num país diferente. E se era diferente de facto, porque razão eu não poderia aprender? Na altura, eu já trazia dez anos de experiência de secretariado, e só fazia sentido apostar em algo que eu já possuía e seguir o mesmo ramo. Até porque em termos de empregabilidade, esse seria o meu grande trunfo, a minha maior valia – agarrei-me a ele e não larguei.

Esse foi um dos motivos que desde muito cedo me fizeram perceber que o alinhamento da minha crença, valores e intuição, teriam que ser a minha bússola. Aprendi que quando imigramos e não conhecemos as regras do jogo, é muito fácil e natural até deixarmo-nos levar por quem já encontrámos. Com a melhor das intenções, todo mundo tem sempre algo a dizer sobre como, quando e onde daremos o nosso próximo passo. Mas a chave sábia está em perceber que a responsabilidade da última palavra e o poder de decisão são sempre nossos.

E foi assim que me regi, centrada nos meus princípios e valores de integridade, de bom senso e de justiça. É evidente que fui mesmo atrás do que a minha intuição dizia. Qualifiquei-me e fiz um reforço das minhas competências profissionais na área de secretariado pela Pitmans. Como resultado, um ano depois - em 2000 - fui contratada para uma das maiores e mais respeitadas empresas de comunicação social no mundo, sendo que em 2001 passei a integrar o quadro de funcionários dessa mesma empresa, com um contrato permanente e onde fiquei por quinze anos.

Vale aqui realçar que as pessoas vão ter sempre uma opinião a emitir sobre a nossa vida. É inevitável, faz parte da natureza humana. O importante é a crença que temos em nós próprios, na nossa jornada e estarmos firmemente apoiados nos nossos princípios. Cabe a nós decidir e escolher o que melhor nos serve. Se eu tivesse acreditado na ideia desencorajadora de que o secretariado no Reino Unido não era para nós porque diferente, jamais chegaria aonde estou hoje. Nunca me acomodei a uma ideia ou padrão, sempre questionei. A curiosidade em saber o porquê de tudo e reger-me pelos meus valores, foram fatores que me ajudaram a confiar nas minhas convicções, nas minhas decisões, a trilhar a minha jornada e a chegar ao destino que eu tracei. Afinal o sacrifício tinha sido imenso, para que eu me permitisse chegar aqui e viver uma vida circunspecta pelas ideias, princípios e convicções de outros.

Na trajetória da vida, acredito que nada acontece por acaso, pois todas as experiências nos preparam para o que vem a seguir. E isso é ainda muito mais válido em termos profissionais.

No início da minha carreira, e vale destacar aqui que comecei como operadora de telex – máquinas que a geração *millenials*[25] já só vai poder ver em museus, tive o privilégio de trabalhar em quatro multinacionais com profissionais-modelo que me ajudaram moldar a profissional que sou hoje.

Inevitavelmente, esse contacto, essa vivência com estruturas, visões e estratégias de um mundo diferente, internacional, criou em mim uma ponte e aptidão, uma conexão com culturas diferentes, tornando-me mais aberta, com uma mentalidade permeável, adaptável e tolerante à diversidade de pessoas, ideias e costumes – *a mente intercultural*.

Mas nada nos prepara para o embate. Para a realidade. O factual. O dia-a-dia - as possibilidades eram de facto imensas. Um alcance extraordinário, mas também, e em igual medida, muitos foram os desafios.

Expandindo um pouco mais sobre o que comecei a contar uns capítulos atrás, findo o curso de acesso à universidade, vejo-me numa daquelas encruzilhadas que só a vida nos sabe colocar: escolher entre ingressar na universidade ou agarrar os dez anos de experiência profissional que já tinha e ir à luta, e ao mesmo tempo fazer disso um trampolim para melhorar o nível de vida da minha família – pois até ali era tudo tão contido e precário. E sendo a pessoa "obstinadinha" que sou, porque não aproveitar para comprovar se o secretariado aqui era afinal assim tão diferente?.

---

25 Um indivíduo que chegou à idade adulta no início do século XXI.

Decido fazer um refrescamento e atualização de competências na Pitmans e obtenho um Diploma in Office Skills.

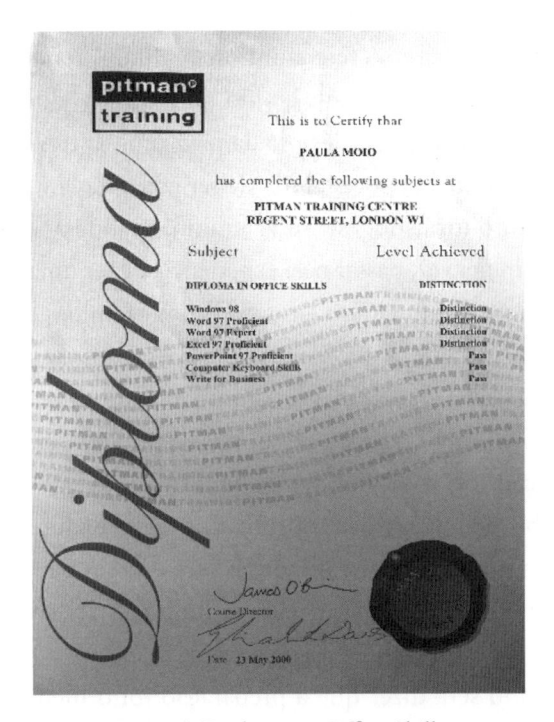

Pitman's Diploma in Office Skills

Antes de terminar o curso, surge a oportunidade de registar o meu CV no banco de dados do departamento de recrutamento da BBC. Aproveitei estar ainda na Pitmans para que com ajuda de especialistas pudesse fazer um *'revamp'* do meu CV, fundamentalmente a terminologia e adicionar as certificações recentes.

Dois meses depois recebo uma chamada do departamento de recrutamento da BBC para uma posição *full-time* de assistente de equipa da direção da rádio de notícias. No princípio da chamada telefónica, não estava tão empolgada assim: primeiro porque não queria um trabalho full-time por causa das crianças que na altura tinham só sete aninhos. Segundo, tendo em vista que o secretariado no Reino Unido poderia ser "diferente", as minhas hipóteses de ser selecionada para uma entrevista seriam mínimas, e muito menores ainda de ser contratada.

Mas por outro lado, esta seria a minha grande oportunidade de, pela primeira vez, passar pela experiência de ter uma entrevista de trabalho no Reino Unido - as tão faladas e temidas entrevistas.

O período que antecedeu a entrevista, foi um misto de empolgação, ansiedade e nervosismo, afinal a minha entrevista seria só com uma das maiores e mais reputáveis empresas de comunitação social do globo – *no pressure*!

Recebi mensagens e cumprimentos encorajadores, comentários mais irônicos aqui e ali, mas houve um em particular que ficou comigo – "tens quatro fatores muito fortes contra ti, és mulher, mãe, estrangeira e negra".

Escusado será dizer que a preparação foi o meu mantra, e entrei num estado de imersão determinada a representar com orgulho, dignidade e humildade todas essas facetas de mim, e como mulher, mãe, estrangeira e negra.

Li, frente e verso, e vice-versa, um guia (self-help) com as 100 perguntas mais prováveis numa entrevista de trabalho. Preparação. Preparação. Preparação. Porque, segundo diz a Oprah Winfrey, sucesso acontece quando a preparação se cruza com a oportunidade.

Éramos cinco candidatas – quatro Inglesas (uma a fazer o lugar como temporária) e eu com todas as minhas facetas.

É quando estamos distraídos nos momentos em que não estamos a prestar atenção que a magia acontece

Paula Maio

A entrevista com o director de RH da BBC Radio News e a assistente editorial teve duração de aproximadamente quarenta minutos, com um teste de quinze minutos. Foi uma conversa super profissional e agradável, onde o meu CV, as minhas competências e experiência foram passados a pente fino.

Saí, e da estação de metrô de White City liguei para a minha mãe em Lisboa muito satisfeita com o resultado, pois acabava de ultrapassar um grande marco – a minha primeira entrevista de trabalho no Reino Unido – histórico. Lembro-me de lhe ter dito: "Estou pronta. Que venham todas as entrevistas"!

No dia seguinte o telefone toca à uma hora da tarde com uma oferta de trabalho!... Chorei muito. Feliz. Perplexa. Extasiada. Confusa, afinal esse não era o plano. Em princípio eu nem deveria reunir todos os requisitos. Eu até nem queria trabalhar full-time. Mais: aceitei candidatar-me certa de que não seria contratada, mas fui pela experiência da entrevista.

Este evento validou, e muito, a crença que sempre tive de que é quando estamos distraídos, nos momentos em que não estamos a prestar atenção que a magia acontece.

Emocionada, percebi que toda a minha jornada me tinha levado até aquele preciso momento, e a recompensa foi o reconhecimento pelo meu mérito, indiscriminadamente, e independentemente de todas as "facetas" que eu pudesse ter, aliás, essas mesmas "facetas" eram afinal o meu *"super power"*!

E foi o que mais me encantou neste país – as possibilidades eram, e ainda são ilimitadas (apesar do Brexit) porque possíveis. Se repararem, tinham passado seis anos desde que tinha deixado Angola. Foram seis anos intensos, de solidão, de solitude, duros e incertos, mas que com fé, perseverança e muita resiliência emocional foi possível crescer e vencer todos os obstáculos. Estávamos então em julho de 2000 – caso para dizer que entrei o ano 2000 com os dois pés!

Esta era sem dúvida uma oportunidade extraordinária para demonstrar as minhas competências e habilidades, bem como retribuir o voto de confiança e investimento depositados em mim, com comprometimento e alta performance. O mundo era meu e *o céu era o limite* – carpe-diem.

Este ponto na minha trajetória demarca nitidamente um momento de viragem, um simbólico renascimento, transformação pessoal, crescimento profissional e ascensão de carreira.

Profissionalmente tem sido das jornadas mais gratificantes e completas que alguma vez imaginei trilhar. Vinda de uma cultura e geração em que a entidade empregadora teria o poder supremo, o empregado quase sem voz, e os seus direitos negligenciados, eis que encontro uma realidade completamente diferente - a anos luz de distância.

Um dos grandes contrastes que desde o início demarcaram a diferença foi o investimento em formação profissional. Desde a habitual indução e dias de familiarização, que ocorrem na primeira semana, a avaliações anuais 1-2-1, em que o executivo e o empregado não só refletem sobre o desempenho, performance; o que funcionou ou não, e o que pode melhorar, do ano que decorreu, como também identificam as necessidades de formação que irão contribuir para o crescimento, melhor performance e ascensão do empregado. É uma parceria estratégica em que são tidos em conta os interesses da empresa e do empregado, alinhados com a visão e os objetivos da entidade empregadora.

Dia de Familiarização da Radio

É assim que quatro meses depois de ter começado como assistente de equipa na direção de rádio de notícias da BBC, sou promovida a assistente pessoal e convidada a assistir o diretor de rádio de notícias da BBC no Serviço Mundial, e seus colaboradores.

Ora, sendo eu estrangeira vinda de uma cultura completamente diferente, para quem, em dez anos de carreira jamais teve formação profissional, e muito menos avaliações anuais, abracei estas iniciativas com uma sede insaciável de aprender.

Desde uma ampla variedade de soft-skills, a inglês para business; de Noções Básicas de Web-Design a Consciência de Diversidade, Consciência de Deficiente, Preconceito Inconsciente ou Novas Formas de Trabalhar – trago na bagagem um conhecimento requintado que sem dúvida me amplia o mindset quer como profissional, quer como indivíduo.

Só assim me foi possível quebrar por completo os códigos culturais, mesmo os mais enigmáticos. Para além da inserção consciente que sempre fiz questão de integrar, comungar e implementar.

É claro que nem tudo são rosas, principalmente quando se assiste uma equipa grande e diversa como foram as duas equipas que assisti – quer no Serviço Mundial de Notícias (World Service News), quer no Serviço Mundial de Línguas (World Service Languages), onde pela sua diversidade, os códigos culturais acarretavam muito mais complexidade e por isso um desafio maior em decifrar.

Contudo, sempre me norteei por princípios de respeito, tolerância e humildade, primeiro comigo própria e segundo para com as acções e atitudes dos outros.

Mas, às vezes, nem mesmo assim tudo flui, e o maior desafio está em convergir as diferenças com sabedoria.

No Reino Unido, tal como creio no resto do mundo, quanto a mais alto nível for a posição, maior a competitividade. E é nítida a divisão entre locais e *outsiders*. Chega a ser ainda mais notória a divisão racial, e também de género.

Por vezes a discriminação é tal e tão obvia, que a diferença também se faz notar na escala salarial.

A determinada altura, eu era a única assistente negra no Conselho de Administração (*Board*), mas poucas foram as instâncias em que senti motivação racial, ou se o senti ocasionalmente, preferi ignorar. Fui mais marginalizada, boicotada e intimidada, e qualquer uma destas situações, motivada creio eu, por uso indevido de poder, inseguranças e competição desmedida por parte de alguns colegas do secretariado executivo.

Em qualquer um dos eventos tentei sempre elevar as minhas emoções com dignidade e superar as acções dos outros. Contudo, houve alturas em que tive que ser firme directa e incisiva, delineando assim um limite aceitável, mas partindo sempre de uma perspectiva de empatia, com a vívida noção de que nem todos temos a capacidade de tolerar e aceitar a diferença.

Houve um incidente que gostaria de deixar aqui gravado, porque é importante sob vários ângulos.

Em 2006 fui a Luanda para baptizar o filho da minha melhor amiga-irmã-comadre e cúmplice, daqueles eventos que não se pode deixar de estar presente. E combinei a viagem com o Natal para que pudesse estar com a família e amigos num ambiente mais festivo.

Em vésperas de embarque um colega, acredito que com a melhor das intenções, pergunta-me: "Vocês têm ar-condicionado na tua 'vila?"

O meu pensamento fluía que nem um rio bravo incontrolável, pois eu que não acreditava no que estava a ouvir, e perguntava-me em silêncio: quantas camadas depreciativas teria esta pergunta que me é feita em pleno século XXI? Não será mais do que tempo de mudarmos a narrativa e a mentalidade sob pena de se correr o risco de manter o estereótipo da 'single story'[26]? Como é que se poder promover inclusão com arrogância e ideias preconceituosas? Não expando este parágrafo deliberadamente, pois a intenção é provocar uma reflexão.

---

26 Chimamanga N'gozi Adichie TedEx Houston https://www.ted.com/talks/chimamanda_adichie_the_danger_of_a_single_story/transcript?language=pt

Usando uma boa dose de perseverança, tolerância e elasticidade emocional, consegui conquistar um nível satisfatório de respeito e colaboração entre colegas. Foram períodos de trabalho árduo, a maior parte deles solitário – um aspecto inerente à própria profissão, e por isso talvez, onde eu me pude focar e diferenciar pela determinação na entrega de um trabalho eficiente, honesto, fiel e consistente.

É importante salientar que foi na BBC que o meu autoconhecimento e a crença nas minhas potencialidades se ampliaram, facilitando assim o meu crescimento e desenvolvimento profissional, e a autoconfiança na busca da minha voz, paixão e propósito.

Durante o meu tempo na empresa, trabalhei com cinco executivos diferentes e com qualquer um deles a aprendizagem foi extraordinária.

Contudo foi com o meu último executivo, que por sinal mulher, com quem a sinergia e parceria foram excepcionais. Com ela, aprendi sobre liderança e humildade, parceria, *team--working (trabalho em equipa)* e colaboração, mentoria e empoderamento, compaixão e altruísmo – profissional, jornalista e líder de alto calibre com um sentido nato de integridade, com quem caminhei lado-a-lado, servi, protegi e fui leal durante os dez anos que trabalhámos juntas.

Após treze anos de casa sou galardoada com o prêmio de desempenho excepcional da BBC News. Os *News Award* são prémios anuais (uma espécie de *Óscares* internos) atribuídos aos funcionários que se destacam ao longo do ano.

> **CONGRATULATIONS**
>
> **PAULA MOI?**
>
> **YOU HAVE WON A NEWS AWARD FOR YOUR OUTSTANDING CONTRIBUTION TO BBC NEWS**

Isto é só mais uma prova de que qualquer vitória e conquista requerem, por debaixo do pano, nos bastidores: sacrifício, consistência, foco, comprometimento, propósito, integridade, fé em nós e na humanidade. Esta vitória teve um sabor incomensurável, porque ao contemplar a jornada, pude medir o valor que aquele pedaço de papel teve e ainda tem na minha vida, e terá para as minhas filhas e, espero, para muitas assistentes que queiram ter a coragem de atravessar fronteiras e saberem para onde vão, sem nunca se esquecerem de quem são e de onde vieram.

Tinham então passado já dezoito anos desde a minha chegada a Londres. E nada como o tempo para nos ajudar a nivelar emoções, e ajustes culturais. A integração tem que ser um processo orgânico, gradual e autêntico em que a responsabilidade da inclusão reside nas duas partes envolvidas – o país anfitrião e o imigrante.

Recordo-me com uma certa melancolia que o maior desafio foi aperceber-me e constatar em mim a fusão das duas culturas. Como é duro compreender que ao ganhar algo também se perde algo e o quão difícil é fundir a nossa identidade com uma nova adquirida.

É uma rotação de valores e crenças entre o que somos e a transição para o que passaremos a ser. É o abrir mão do que foi, de um pedaço de nós, e a fusão do novo.... É um conflito interno que desafiou ao máximo tudo o que fui e sou.

A arte e a sabedoria aqui, para mim, foi encontrar um equilíbrio neste "renascer" e aceitar a fusão da identidade cultural como a minha marca da liberdade conquistada. E foi aí que me reencontrei e vivo em paz – do tecido que me compõe: sou Angolana ferrenha, com essência Portuguesa e espírito Britânico.

A lição maior foi de empoderamento. Perceber que somos capazes de muito mais do que aquilo que nos damos crédito. A nossa resiliência em ultrapassar obstáculos, e em face às adversidades da vida, tem a elasticidade sempre na justa medida que precisamos. Aprendi a importância da fé que temos em nós próprios e em algo maior que nós, e o quão crucial é para a nossa autoestima valorizar o que somos, o que queremos e o que merecemos.

Afinal, são as conversas que temos conosco próprios que nos limitam ou nos libertam.

A *Love Letter #46* da minha autora e *blogger* favorita, a Sofia Castro Fernandes, tem a seguinte mensagem sobre a fé, que com a sua autorização partilho aqui.

#fééapalavradeordem

Há um tempo certo para arrumar a casa e a cabeça. Para limpar a alma e prepará-la para o que vem a seguir. Para pedir ao coração que bata mais devagar. E esperar. Acreditar que o novo futuro que começa amanhã está mais perto de tudo o que pedimos. Respirar, respirar fundo até o ar nos abraçar por dentro. Aproveitar este intervalo que a vida nos dá para alinhar ideias, para recuperar o fôlego, para sentir firmes e constantes as certezas de quem nos repete: «vai dar certo».

Fé é a palavra de ordem. Para que nunca duvidemos da força que temos. Para que o sol possa entrar mesmo nos dias nublados. E para que possamos recomeçar (mesmo que dê medo) sabendo que o caminho se abre quando começamos a andar.

Sofia.

Uma viragem de 180 graus e o Projeto Angola

Em 2015, depois de quinze anos extraordinários e bem--sucedidos, decidi deixar a BBC. Foi uma jornada cheia e rica em conhecimento e lições de vida. Como já disse atrás, eu não teria a verticalidade profissional que acredito ter hoje, sem a passagem, o aprendizado e a experiência que ganhei nos meus 15-anos nesta empresa. Foi uma transformação de uma riqueza inequívoca com a qual pude atingir o melhor de mim, e me pude superar cada vez que expandia. Foi onde mais olhei para o espelho e cometi erros, aprendi lições, encontrei a minha voz, as minhas potencialidades, e o meu valor.

Contudo, estava na hora de partir e recomeçar um novo ciclo. Deixo-vos aqui o email de despedida que enviei aos contatos internos, sendo a maior parte deles profissionais administrativos.

From: Paula Moio
Sent: 24 December 2015 06:07
Subject: Final digest from me

My dear colleagues,

As some of you may know, I have officially left the BBC and will be starting a new executive assistant position in the new year to a Family Office. But before the curtain goes completely down, I would like to send you one final 'digest' ... if you can bear me one last time.

And also, because it had a message I feel strongly about, with regards to our profession, may I have your permission to share here with you my little speech at the most intimate and meaningful surprise leaving Do early this week.

Here it goes:
"I am so deeply moved and grateful for your kindness and for the most beautiful send off. In the last month or so I kept saying to colleagues – it's not until you know you are leaving the BBC that one realises how much we are part of the very fabric of this organisation. So, I leave with a huge sense of integrity and pride that has been passed on to me through all that we do here. I admire and have a huge respect for you – you have mesmerised me every single day with the most amazing stories, fantastic journalism, and unflappable leadership. I am so grateful.

To my peers and fellow admin professionals: I hope you can continue and triumph, on what I seem to have frustratingly failed - the persuasive negotiation with management to seek and implement a more structured and regular training platform for admin professionals, which is almost non-existing here at the BBC. Most importantly to take control of your own development, to speak-up and push to bring about change - it IS possible. Do find your purpose and ignite your passion to inspire others simply because you care. And I hope that you can create a more cohesive community and together explore how best to take your ideas/proposals forward, to make work a better place for you too.

To Behrouz: thank you for your kindness and your incredible sense of humour – no two days were ever the same working and sitting next to you.
Callum: I will miss you dearly..... and thank you for keeping us sane.
Sarah: thank you for your tenacity and sharp strategic intellect.
Nikki: thank you for being you – the rock-solid humane person to go to.
To *my* boss - Liliane, thank you for being this incredible, motivating individual and an inspiring leader – and a very demanding one too! You take us all on this impressive stimulating journey that is your vision, and I have learnt a great deal from you professionally and personally. In adversity, you are able to "sail" us steadily and firmly toward a future of promise. I've also learnt from your kindness, your sense of fairness, equality and selflessness. But what strikes me the most is your unapologetic grit - admirable! We have a fifteen-year partnership based on mutual trust, respect, professionalism and friendship. Thank you for the journey."

Thank you – Merry Christmas and a I wish you all a very successful New Year!

Esquerda: Paula e Liliane a despedida
Direita: Paula último dia na BBC New Broadcasting House
Embaixo: Paula último dia com a pasta de handover

Tradução

Meus queridos colegas,
Como ja deve ser de conhecimento de alguns de vocês, deixei oficialmente a BBC e iniciarei um novo cargo de assistente executiva no inicio do novo ano, num *family office*. Mas antes que a cortina desça completamente, gostaria de enviar-lhes um email final [...] isto, se vocês me aguentarem uma última vez.

E também, por ter uma mensagem que acredito, dizer respeito à nossa profissão, peço a vossa permissão para compartilhar aqui convosco o meu pequeno discurso sobre a mais íntima e significativa festa de despedida, no início desta semana.

Aqui vai:

"Estou tão profundamente comovida e grata por vossa gentileza e por esta despedida tão bonita. No último mês, em conversa com alguns colegas dizia eu que só quando se sabe que vamos sair da BBC é que se percebe o quanto fazemos parte da estrutura desta organização. Então, eu parto com um enorme sentido de integridade e orgulho por tudo o que vivi, e por tudo o que fazemos aqui. Eu admiro-vos e tenho um grande respeito por todos vocês. Todos os dias, invariavelmente, deixaram-me fascinada com as histórias mais incríveis, jornalismo fantástico, e liderança inabalável. E eu estou-vos eternamente grata por isso.

Aos meus colegas de secretariado e profissionais administrativos: Espero que vocês possam continuar e que triunfem, no que eu sinto ter falhado frustrantemente - na negociação contínua e persuasiva com a direcção executiva para encontrar e implementar uma plataforma de formação mais estruturada e regular para a nossa categoria profissional, que é quase inexistente aqui na BBC. O mais importante ainda, é assumir o controle de vosso próprio desenvolvimento profissional, e manifestarem-se, e pressionarem para que haja mudanças - é possível. Encontrem o vosso propósito e acendam com paixão para inspirar outras pessoas, simplesmente porque vocês acreditam e se importam. Espero que possam criar uma comunidade mais coesa e juntos explorarem a melhor forma de levar as vossas idéias e propostas adiante. Só assim conseguirão transformar o local de trabalho num ambiente mais estimulante e próspero para vocês também.

Ao Behrouz: obrigado pela sua gentileza e pelo seu incrível senso de humor e sabedoria - dois dias nunca fo-

ram iguais trabalhando ao seu lado - faz tanta diferença.
Ao Callum: vou ter muitas saudades ... e obrigado por nos manteres sãos.
'A Sarah: obrigado pela sua tenacidade e intelecto estratégico aguçado.
'A Nikki: obrigada por ser você - um ser humano sólido como uma rocha.
À minha chefe - Liliane, obrigada por ser essa pessoa incrível, motivadora, uma líder inspiradora - e muito exigente também! Por nos levar a todos nesta jornada estimulante e impressionante que é a sua visão, e eu aprendi muito com consigo, não só profissionalmente, como também pessoalmente. Na adversidade, você é capaz de nos "navegar" com uma firmeza constante em direção a um futuro promissor. Também aprendi com sua bondade, o seu senso de justiça, igualdade e abnegação. Mas o que mais me impressiona é a sua coragem inquebrantável – é admirável! Temos uma parceria de quinze anos baseada na confiança mútua, no respeito, profissionalismo e amizade.
Obrigado pela jornada."

Obrigada a todos - Feliz Natal e um Ano Novo de muito sucesso!

Uma vez estabelecida que estava a intenção, e depois de ter discutido sobre a decisão com a minha executiva, nesse mesmo dia sou contactada por uma agência de recrutamento internacional através do LinkedIn para uma empresa na área de Finanças.

São os sinais que o Universo nos dá, e foi quando reforçou dentro de mim a certeza de que tinha tomado a decisão na hora certa e por isso tudo se alinhava.

Cinco entrevistas depois, mais uma para negociação e fecho, e é-me oferecida a posição de C-Suite Assistente Executiva

Bilingue e o projeto aliciante que era montar de raiz o escritório em Londres, no formato de Family Office – o dream job, numa viragem de 180 graus.

E em janeiro de 2016, começo uma nova etapa profissional, onde tive e tenho o privilégio de por à prova toda a experiência até aí adquirida.

O profissional que me tornei ao longo dos anos passa a ser o centro das atenções pelos melhores motivos. É o meu show, a minha vitrine e não preciso ser perfeita - é, no entanto, crucial que me mantivesse munida dos meus princípios e valores, integridade, consistência, e adaptabilidade. E já lá vão cinco anos.

Mas como um desafio nunca vem só, em março desse mesmo ano, sou convidada a fazer um taster-workshop para assistentes executivas no meu país natal - Angola.... situações impossíveis pensei eu.

E o sonho que quando sonhado teima em ser executado. Usando a célebre frase lírica da *'Pedra Filosofal'* de Manuel Freire – músico e compositor português: *"Eles não sabem que o sonho é uma constante da vida [...] eles não sabem que o sonho comanda a vida, e sempre que o homem sonha, o mundo pula e avança"*.

Não pude recusar, mas estava muito atolada de trabalho e seria irresponsável da minha parte comprometer-me sem pensar numa estratégia que viabilizasse o projeto, em paralelo com as minhas recentes responsabilidades. Para ganhar tempo pedi até três meses para pensar, findos os quais voltaríamos a falar e acertar detalhes.

Entretanto, vou fazendo pesquisas, estudando o mercado, consultando mentores... trabalho árduo, diziam eles, mas se precisares de ajuda, estamos aqui, sempre.

Em maio aceitei o desafio, e em agosto envio o programa de dois dias do primeiro Seminário para assistentes executivas criado e facilitado por mim, em parceria com a reputável Academia BAI (ABAI), em Luanda, capital de Angola, o qual se realizou a 29 e 30 de setembro de 2016 com a participação de sessenta assistentes executivas.

Primeiro Seminario para Assistentes Executivas da ABAI

Feedback do primeiro Seminário em parceria com a ABAI - 2016:

"a 4 Oct 2016, às 18:32 :

Prezada Paula, queira aceitar as minhas cordiais saudações. Paula, tive imenso prazer em ser umas das participantes do Seminário Ser Assistente Executiva, ministrado pela Paula de 29 a 30 de Setembro, na Academia BAI. Sinto-me mais confiante

*e o sentimento de não me sentir valorizada deixou de existir.
Gostaria imenso de fazer parte do grupo das secretárias para poder interagir e trocar experiências. Ficarei muito contente e agradecida se receber o convite.
Estou muito contente e espero partilhar boas experiências. E por falar nisso...decididamente só precisava de conhecer alguém como a Paula. Agora o meu chefe chama-me constantemente ao Gabinete para pedir-me sugestões...todas muito bem aceitas e respeitadas. O olhar do chefe mudou.
As minhas energias estiveram reprimidas durante anos. Agora florescem...!
Paula mais uma vez muito obrigada e bem-haja.*

Cordialmente, "

Do sucesso do seminário (ou não) dar-se-ia continuidade ao projeto com a criação de um curso de quatro meses. A ABAI tinha um curso esboçado e convidou-me para enriquecer o conteúdo. Em janeiro de 2017, apresento as minhas recomendações, que em sua maioria são os tão importantes *soft-skills*. A proposta é aceite e implementada na íntegra e já vamos no oitavo curso, e quarto seminário. O curso é ministrado por formadores da ABAI e o seminário, por mim, e conta com a presença de convidados especiais internacionais, pois a intenção é trazer o mundo para dentro, e convidados especiais locais com o intuito de valorizar e expor talento local.

E é neste contexto que nas minhas pesquisas na internet, em busca de incentivos para os alunos do curso, que encontro a querida Marcela Brito e o seu livro *Secretariado Intercultural*.

Este encontro maravilhoso com a inspiradora e amiga Marcela é, em si, a materialização da globalidade que a ausência de fronteiras nos proporciona através do fenómeno digital e que, inevitavelmente, deu lugar não só à criação deste projecto-livro, mas também ao intercâmbio entre a teoria-estudo-livro da Marcela e o secretariado Angolano. Que mais tarde acaba por ser também um intercâmbio lusófono.

Este projecto foi uma oportunidade que se manifestou e que eu agarrei com as duas mãos. Estava numa etapa da vida de realinhamento de propósito, uma vez que as crianças viraram moças e estavam na altura, na universidade. Um daqueles momentos em que numa fracção de segundos a preparação encara a oportunidade, e apesar do medo que essa exposição representava, pois para mim também era a primeira vez, não hesitei e fui firme e incisiva, que nem um raio laser.

Escusado será dizer que a realização de um workshop em Luanda, Angola, tinha um significado profundo para mim: por causa dos meus laços emocionais com o meu país, eu tinha um genuíno sentido de dever e de retribuir o que a vida me deu. Ao mesmo tempo, isso significava que eu iria poder passar esta paixão pela minha profissão aos meus colegas e, mais importante ainda, à próxima geração. Como resultado dessa missão, encontrei o meu propósito - é uma jornada maravilhosa de descoberta e transformação de indivíduos e, ao mesmo tempo, um processo de transição e crescimento para mim através do poder de dar e receber.

Mas é inegavelmente com as sessões de mentoria que mais cresço como indivíduo e como profissional, onde as minhas vontades não contam, mas sim a minha responsabilidade e compromisso de dar o meu melhor. É uma jornada gratificante de autodescoberta mútua, em que permitimos que pensamentos e ideias fluam em sua forma orgânica e autêntica para criar uma atmosfera de crescimento estimulante. É nesta sinergia que as histórias que ouço, o talento que descobrimos e os sonhos que tenho o privilégio de incentivar se tornam possíveis e são alcançados. E isso simplesmente transcende-me. – este texto que acabei de citar, é extrato de um artigo que escrevi para o Essex PA Network[27].

The Angola Story - A diferença que quatro anos fazem – 3 seminários, 8 cursos e representação no WASummit. #EAsAngolaABAI

Em 2018 tive a honra de humildemente poder representar Angola no World Administrators Summit (WASummit). Mais do que representar Angola, era importante colocar Angola no mapa em termos de representatividade da profissão, e esse sim é um privilégio.

O WASummit, é uma convenção mundial de profissionais administrativos que se realiza de dois em dois anos. É uma conferência onde se discutem e determinam as próximas tendências da profissão. Há debates, apresentações, trabalho em equipa, re-

---

27 Plataforma de networking no reino Unido: https://www.essexpanetwork.co.uk/single-post/2018/07/26/Angola-Story-A-Journey-of-Purpose

sultados e recomendações, sendo a maioria dos seus participantes, profissionais topo internacionais - é a crème-de-la-crème da profissão administrativa, que cada vez se torna mais global.

Deixo aqui, para o formato digital deste livro, o link do Suplemento do WASummit[28] que a revista Executive Secretary Magazine produziu com testemunhos da Chairperson, das facilitadoras e de alguns participantes, traduzido para português.

E é com imenso orgulho que para 2021, em princípio, Angola poderá já contar com a presença de três delegados em Wellington, na Nova Zelândia (que por causa da pandemia se realizou online).

Ao nosso crescimento e reconhecimento profissional, é-nos acrescido um protagonismo que é ao mesmo tempo uma responsabilidade de partilha de experiências e mentoria com a nossa comunidade. Principalmente para que as gerações vindouras se estabeleçam em pilares de boas práticas de gestão de carreira, integridade profissional e de um *mindset* tolerante, permeável à diferença de culturas.

E ao apercebermo-nos que essa nossa projeção tem um raio de abrangência amplo, muitas vezes além-fronteiras, e ao sermos reconhecidos como exemplos de liderança, influência, e até mesmo como agentes de mudança, devemos cuidadosa e humildemente assumir uma responsabilidade maior pelo impacto que as nossas acções, palavras e comportamento possam ter na nossa comunidade.

Por conseguinte, esse fator que nos define como Assistentes Executivas de topo na nossa área de especialidade, também nos

---

[28] https://issuu.com/lucybrazier/docs/wa_summit_supplement__portuguese_

incute o dever de partilhar conhecimento, colaborar e empoderar profissionais, encorajar empatia e compaixão. Trata-se também de um esforço comum e um trabalho colectivo de uma classe em expansão tridimensional (número, gênero e competências), e de uma comunidade coesa que trabalha incansavelmente para promover, desenvolver e elevar a imagem da nossa categoria.

Comunidade essa que ao longo dos anos tenho tido a honra de fazer parte, e o privilégio de colaborar cultivar amizades, acumulando uma extensa rede de contactos internacionais, que mesmo sem nos conhecermos pessoalmente, na maior parte dos casos, todos trabalhamos em sinergia com o objetivo comum de expandir, empoderar, elevar e alavancar o secretariado executivo no mundo.

Fotos de Intercâmbio e Colaboração com a Comunidade Internacional

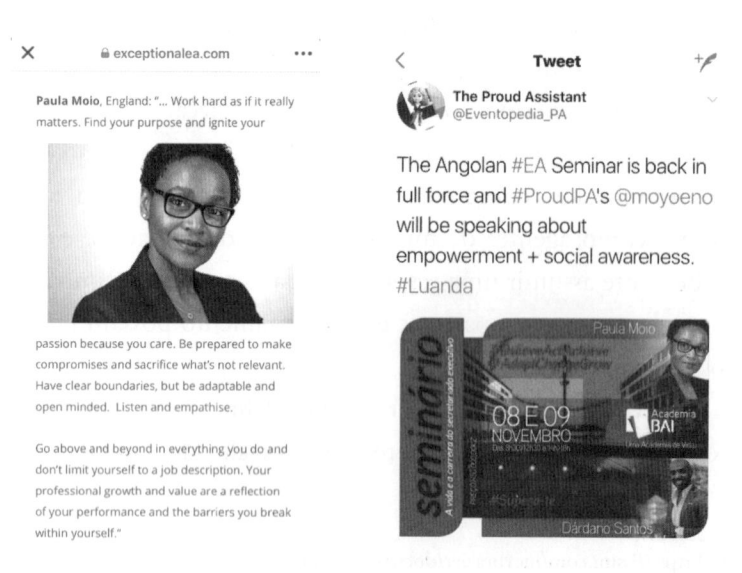

Executive Secretary Magazine
9 September at 12:58

Our dear friend and inspirational EA leader, **Paula Moio** explains why every Assistant should be asking for training. You can still sign up to join our initiative at http://executivesecretary.com/askfortraining/ And you can find out more about Paula and her incredible journey in this profile from Executive Secretary Magazine http://executivesecretary.com/profile-paula-moio/
#AskForTraining https://youtu.be/aRuvKKVWPKE via YouTube

207

A importância da interculturalidade no secretariado é o que nos permite este alcance maravilhoso e intelectual sem fronteiras. Esta coesão de ideias, solidariedade profissional, abertura da mente, o empoderamento do próximo, e uma consciência global atenta e afinada.

É importante, contudo, acentuar que o *boom* da tecnologia tem aqui um papel fundamental, vanguardista e radical. Que sem isso jamais quatro mulheres que não se conhecem e a viverem em países e continentes diferentes pudessem ousar em criar este projeto transformador.

Não menos importante, neste propelir da nossa profissão, foi o impacto da crise financeira de 2008, quando a camada de gestores intermediários foi quase eliminada do mercado de trabalho, e as assistentes executivas não tiveram outra alternativa senão assumir as responsabilidades do gestor intermédio. E a isso eu chamo: *carpe diem!*

Esta passagem só tem sido possível porque cada vez mais a assistente executiva com um *mindset* empreendedor traz a si a responsabilidade de diversificar o seu leque de conhecimento, investindo no seu desenvolvimento pessoal e formação profissional, bem como participando em campanhas de sensibilização para que se crie uma uniformização internacional dos diferentes níveis de categorização da carreira de secretariado executivo.

Assim nascem quase que involuntariamente sinergias, colaborações autênticas que promovem esta fusão de ideias, troca de experiências interculturais, tolerância pela diferença que abre de uma forma orgânica a mente humana além-fronteiras.

Finalizo reflectindo que, com a ajuda das redes sociais, plataformas digitais e Inteligência artificial, cada vez mais vivemos num mundo sem distâncias, nesta aldeia global de autenticidade, diversidade cultural, inclusão e pertença. A minha visão de *interculturalidade* é, pois, esta intersecção inevitável, pertinente a pessoas, ideias, línguas, lugares, sabores, cheiros, sons, comunidades, culturas e identidades, em que colaboramos com base no respeito, na tolerância e no amor ao próximo.

A todas as assistentes executivas pelo mundo afora que tenham a possibilidade de ler este livro, desejo que este vos inspire e vos dê coragem e ímpeto em seguir e ouvir os vossos sonhos e acreditar que tudo é possível, dependendo do ímpeto e da motivação que nos vem de dentro.

Ter a perspicácia de identificar oportunidades e alinhar estratégia, consistência e preparação para no momento certo dar o salto para o outro lado da vida, onde as barreiras geográficas e culturais não existem.

Acreditar na vossa capacidade de adaptação e de sobrevivência às adversidades mais agrestes da vida.

Agradeço às minhas filhas, que sem elas eu não me teria transformado no ser humano que sou hoje. Toda esta jornada, toda esta transformação, adaptação e ajuste cultural, fi-lo por elas e por um desejo imenso de lhes dar o que eu não tive, de lhes proporcionar uma vida melhor e mais digna, em que a possibilidade é o ponto de partida e o limite, que não seja só o céu.

#EuSouInterculturalidade

entender que para viver em harmonia devemos antes de tudo abraçar e Respeitar o nosso planeta

— Paula Moio

Refletindo sobre conceitos de Mudança, Liderança e Multiculturalidade

Em relação à **Mudança**, acredito ser fundamental estarmos preparados para vivê-la, ter a flexibilidade de a aceitar, de compreender o seu propósito e consequentemente assumirmos um papel ativo em todo o processo.

Ser **Líder** é celebrar sucessos, reconhecer erros, identificar caminhos alternativos e aprender a fazer melhor.

Interculturalidade é ter um interesse nato, uma curiosidade intrínseca e estar aberto a culturas diferentes que nos habilitem a integrar ambientes culturais diversos. Paula Moio

Se algo fundamental 2020 nos ensinou, foi que não podemos ter nada na vida como garantido. E esta afirmação é tão certa quanto a Covid-19 ter, literalmente, parado o mundo inteiro durante cinco meses ou mais.

Como reagir, adaptar e ajustar a uma pandemia sem precedentes como esta? Qual é o guião ou quais as medidas de contingência que nos pudessem socorrer do caos, do medo, do pânico, da tragédia, da perda? Ou ainda, remover o estado de choque que se instaurou globalmente?

Como recuperar de tamanho desequilíbrio – desde a perda em massa de vidas humanas, ao descalabro político-económico e o aumento da desigualdade social? Que soluções encontrar para cenários tão desesperadamente trágicos para o planeta?

É aí que me dou conta de que não há outra solução que não seja parar também. Impedir a velocidade dos pensamentos, que angustiados, tentam fazer sentido do caos e compreender que todos os planos de vida pessoal, metas profissionais, toda a estratégia meticulosamente traçada durante anos….. Tudo. Parou. Ali. Também.

Seria para mim um ano importante, senão mesmo o mais importante da década. Muito provavelmente um ano de definição, afirmação e transição.

A Marcela e eu iríamos realizar o nosso sonho como parceiras e pela primeira vez fazer uma tourrné por dois países da nossa amada África Lusófona – Cabo Verde e Angola – e ministrar dois seminários para assistentes executivas.

Tudo pronto: parcerias locais firmadas; proposta, programa, flyers, marketing publicitário imprimido, sendo que o passo seguinte seria somente tratar dos bilhetes de passagem e vistos de entrada.

Mas quis ao Covid-19 que 2020 fosse um ano de reflexão. E todos os planos feitos e definidos tiveram que ser postos em pausa. E colocado em pausa foi também o nosso plano inaugural do projeto *Moyoeno Lusofonando*[29]. Um projeto que visa a criação de um banco humano de formadores aptos a ministrarem seminários de secretariado executivo na África Lusófona. Fazendo o que mais nos estimula e preenche - partilhando conhecimento e empoderando profissionais.

Decidi finalmente aceitar e parar. Pausar os pensamentos desorientados. Respirar e aproveitar a pausa que se impunha.

Eu que vivia a correr entre longas horas de trabalho e viagens de longo curso. Entre seminários e formações, sempre à espera de mais uma hora para dormir, ou um fim de semana para descansar e saborear o prazer de estar em família. Eis que,

---

29 https://www.moyoeno-lusofonando.com/pt/inicial

apesar de toda a tragédia que uma pandemia representa, há uma oportunidade de verdadeiramente parar, respirar e descansar. Só aí me apercebi o quanto eu precisava dessa pausa. O quanto o planeta também necessitava dessa pausa para respirar, literalmente. Foi um tempo de contrastes entre a impotência causada pela perda humana em massa e dias primaveris de céu azul e sol radiante. E por isso, igualmente um tempo de profunda reflexão, de redescobertas e redefinição de prioridades.

Permiti-me usufruir dessa pausa e reaprender a disfrutar as coisas simples e importantes da vida: a família, o céu azul, a relva, o sol, o chilrear dos pássaros, as flores, caminhar..... e sobre o poder do silêncio.

Só assim, creio eu, nos foi possível observar a humanidade e percebermos o quanto as coisas estavam muito mal ao ponto de quase não nos afectar: desigualdade, injustiça social, racismo sistemático, corrupção, indiferença, desequilíbrio ambiental... Só o silêncio nos ajudou a perceber o quanto era urgente parar e agir.

No reajustar e redefinir, o mundo mudou, irreversivelmente. A era digital afirmou-se. Novas formas de trabalho foram estabelecidas e implementadas e a nossa aldeia global ficou mais pequena, sendo o intercâmbio entre culturas, digital, e logo, imediato.

Assim sendo, o sucesso só é garantido àqueles que tiverem a habilidade de inovar e integrar a quarta revolução industrial (ou a indústria 4.0).

Dentro dessa perspetiva de inovação e interculturalidade, o projeto *Moyoeno Lusofonando*[30] redefine-se. Com o objetivo

---

30 https://www.moyoeno-lusofonando.com/pt/inicial

de adoptar uma visão mais globalizada, ajusta a sua visão e valores, optando por criar, numa primeira fase, uma plataforma digital, no sentido de maximizar o seu alcance e engajamento multicultural.

Esta mudança criou oportunidades, contactos, networking e parcerias em vários países, que de outra forma não se realizariam tão facilmente pelo condicionamento geográfico. Estas parcerias oferecem-nos conteúdos e lugares cativos em programas de desenvolvimento profissional, ou conferencias digitais para os nossos clientes.

Assim, apostamos em construir parcerias solidas que nos ajudam a desenvolver e empoderar mulheres, na sua maioria, na África Lusófona.

E o que nos torna afinal globais, senão a facilidade com que olhamos para a mudança como uma oportunidade de crescimento? Como lidamos com a diferença no outro vendo-nos a nós próprios, e tendo a habilidade de interagir, construir e aprofundar relacionamentos interculturais?

Para finalizar, não posso deixar de notar que esta pausa indeterminada imposta pela pandemia, que nos virou a vida completamente do avesso, obrigou-nos também a parar vidas aceleradas, a cancelar agendas superlotadas, e a reajustar mentalidades (*mindsets*).

Tudo isso também causou uma mudança de percepções e paradigmas, deixando a certeza de uma constante: entender que para viver em harmonia devemos antes de tudo abraçar e respeitar o nosso planeta. Ter presente que o conhecimento, a inovação, a evolução humana e técnico-científica bem como a riqueza da diversidade cultural, são não-negociáveis. E, por último, entender o poder da tolerância e o impacto que uma mente aberta terá para nos ajudar a redefinir estratégias para evoluir e mudar o mundo: é inequívoco.

Depois deste interlúdio, que foi e tem sido reflectivo para todos nós, fica também a pergunta para si, querido leitor: no que será a era pós-Covid-19, o que mudou a sua perspectiva sobre a vida, e qual é o seu propósito? Que redefinição se fez urgente em si e o quê que, no seu entender, o tornou mais global?

PARA MIM

A decisão de emigrar TEM COMO consequências NÃO poder buscar o mesmo apoio dos queridos que gentilmente ofereceriam seus colos quentes e seus abraços acolhedores

— Claudia Eleutério —

CAPÍTULO 7

Pesquisa: Quem quer ter uma carreira no exterior?

ESTA PESQUISA FOI REALIZADA NO PERÍODO COMPREENDIDO ENtre 10 e 26 de julho de 2019, de maneira remota, ou seja, chegou aos respondentes por meio eletrônico com envio direto por e-mail e pelas redes sociais. De um total de 250 formulários enviados, 121 foram devolvidos e considerados consistentes com os objetivos da investigação.

A seguir apresentamos uma análise dos dados:

1. Sexo

Noventa e um por cento dos respondentes (110 de 121 indivíduos) são do sexo feminino. Esta pesquisa reflete a predominância do público feminino nas atividades de assessoria executiva e afins.

Segundo os últimos dados registrados pelo Relatório Anual de Informações Sociais (RAIS) do Ministério da Economia, o total de profissionais registrados no Brasil em 2018 na atividade de secretariado eram 263.566.

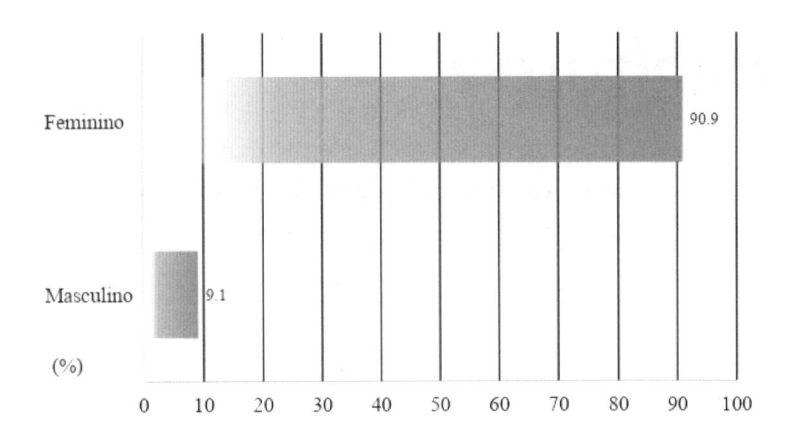

```
Feminino  ████████████████████████████  90.9

Masculino  ██ 9.1

(%)
         0  10  20  30  40  50  60  70  80  90  100
```

1.1 Os homens

Responderam a essa pesquisa 11 indivíduos do sexo masculino, que representam 9% do total de respondentes.

É necessário fazer menção à presença masculina na pesquisa, dado que a área de secretariado, por razões meramente culturais, ainda é um reduto profissional eminentemente feminino.

No âmbito das profissões corporativas, as atividades consideradas repetitivas, de menor importância dentro deste contexto, relacionadas a cuidados pessoais, e que possuem caráter burocrático, são delegadas às mulheres. Aos homens, espera-se que sejam direcionados a atividades consideradas mais dinâmicas, que exijam maior "responsabilidade" e "engajamento". Razão pela qual observa-se resistência das empresas e seus recrutadores em contratar profissionais do sexo masculino para posições de assessoria executiva, ainda que os números venham crescendo ao longo dos anos.

1.2 Os homens por faixa etária

Ainda que o número de respondentes não apresente relevância para uma análise mais profunda, no que se refere à faixa etária, há uma indicação de que homens jovens estejam buscando profissionalização em áreas consideradas alternativas dentro do universo corporativo para este sexo.

20-24 anos	1 respondente
25-29 anos	2 respondentes
30-34 anos	4 respondentes
35-49 anos	4 respondentes

De modo empírico, observa-se que cada vez mais homens vêm buscando os cursos de formação específica em Secretariado, alinhado com o fato de que, nos últimos dez anos, a profissão como um todo institucional vem ganhando espaço nas corporações como uma atividade especializada que demanda conhecimentos técnicos de alto nível (portanto, reforçando o discurso dos preconceituosos, uma profissão muito adequada para homens!)

1.3 Os homens e a nomenclatura da profissão

A despeito do aumento da procura pela profissão por homens, uma outra questão, esta, por sua vez, não investigada neste certame, mas que se faz absolutamente necessário mencionar, relaciona-se com a nomenclatura dos cargos de assessoria executiva.

Independentemente de sexo, é comum observar a resistência das pessoas em aceitar a denominação "secretário(a)", sob a alegação de que a profissão, e portanto, o cargo, já estão ultrapassados. Nestes casos, preferem-se outras denominações, tais como "assessor(a)", "assistente", "braço direito", etc. Cabe ressaltar que é comum que se acredite que há uma hierarquia na qual "assessor(a)" está numa posição superior em relação à "assistente", razão pela qual muitas pessoas, homens em particular, prefiram se autodenominar "assessor" em detrimento de "secretário" ou "assistente", que, além de denominações consideradas ultrapassadas, em termos de posição hierárquica são consideradas de nível inferior, e, portanto, não estariam adequadas a uma atuação masculina.

A denominação da profissão estabelecida pela Lei 7.377, de 30 de setembro de 1985, não deixa margem para dúvida: secretário(a)-executivo(a). Não obstante, entre os profissionais que exercem a profissão, com ou sem formação específica na área, ainda há muita controvérsia no que se refere às preferências de denominação do cargo.

Mesmo considerando a existência da Lei, a própria CBO (Classificação Brasileira de Ocupações), registra mais de 500 possibilidades. A controvérsia existe também em países estrangeiros, alguns dos quais não admitem sequer a existência da atividade como profissão.

2. Local de nascimento

Os resultados da pesquisa indicam um percentual de 6% de respondentes estrangeiros (sete indivíduos), contra 94% de brasileiros. Entre estes, 63% são oriundos dos estados do Sudeste (São Paulo, Rio de Janeiro, Minas Gerais) e Distrito Federal. O percentual de 37% distribui-se entre dez estados das demais regiões do país. Dos 27 estados brasileiros, 15 não tiveram representação nessa pesquisa, apesar de sabermos que há grupos formais de secretários nesses locais.

3. Faixa etária

Entre os respondentes brasileiros (114 indivíduos), destaca-se um percentual de

- 42% situados na faixa etária entre 30 e 39 anos;
- 38% na faixa etária a partir dos 40 anos;
- 20% na faixa etária entre 20 e 29 anos;
- 12% na faixa etária acima de 50 anos.

Ainda que esses números apontem para um amadurecimento profissional, dadas as condições em que a pesquisa foi aplicada (enviada por e-mail ou redes sociais para grupos de interesse e de relacionamento das autoras), não é possível concluir o interesse em expatriação ou que a busca por uma experiência internacional esteja centrada entre os indivíduos de mais idade ou com mais experiência profissional. Ainda que o grupo de autoras perceba um aumento no interesse por buscar uma experiência internacional, nessa pesquisa não é possível relacionar o interesse com determinada faixa etária.

Embora entre os estrangeiros observa-se a replicação do cenário em que o maior número de respondentes está situado entre a faixa etária de 30 a 39 anos (43% dos indivíduos), não é possível tirar qualquer conclusão, relativamente a este grupo, em razão da inexpressividade do número de respondentes estrangeiros na pesquisa.

Esta aproximação percentual na faixa etária entre brasileiros e estrangeiros (42% e 43% respectivamente), pode não se sustentar em uma pesquisa mais ampla.

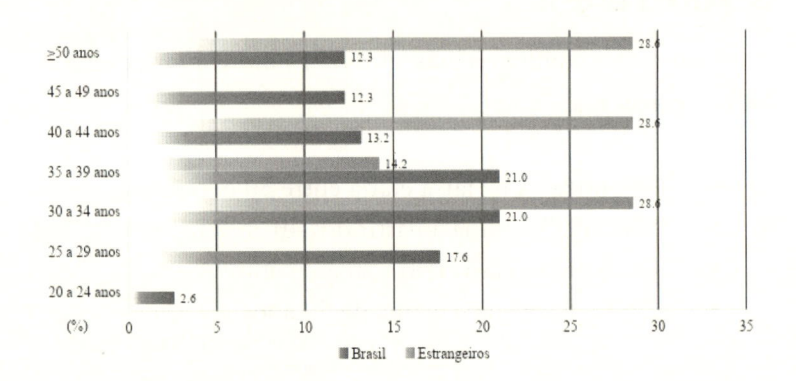

Faixa etária	Brasil	Estrangeiros
≥50 anos	12.3	28.6
45 a 49 anos	12.3	
40 a 44 anos	13.2	28.6
35 a 39 anos	14.2	21.0
30 a 34 anos	21.0	28.6
25 a 29 anos	17.6	
20 a 24 anos	2.6	

4. Escolaridade

4.1 Grau de instrução x Área de formação

ÁREA	ESPECIALIZAÇÃO		GRAD. COMPLETA		MESTRADO		EM CURSO		INCOMPLETA		TÉCNICO		TOTAIS	
Secretariado e afins	22,31%	27	31,40%	38	3,31%	4	11,57%	14	3,31%	4	2,48%	3	74,38%	90
Adm. e Negócios	2,48%	3	4,13%	5	1,65%	2	0,00%	0	0,00%	0	0,00%	0	8,26%	10
Contabilidade e Economia	1,65%	2	0,83%	1	0,00%	0	0,00%	0	0,83%	1	0,00%	0	3,31%	4
Educação, Letras, Pedagogia	3,31%	4	2,48%	3	0,00%	0	0,00%	0	0,00%	0	0,00%	0	5,79%	7
Outras	0,83%	1	4,96%	6	0,00%	0	0,83%	1	1,65%	2	0,00%	0	8,26%	10
	30,58%		43,80%		4,96%		12,40%		5,79%		2,48%		100,00%	

Do total de 121 respondentes, sem distinção de área de formação, idade ou país de origem, 80% possuem nível superior (graduação completa, especialização e mestrado) em diversas áreas de formação.

No entanto, considerando que a pesquisa foi aplicada em um contexto profissional de assistência executiva, é esperado que o percentual de respondentes com formação específica nas áreas correlatas a secretariado, independentemente do grau de instrução, seja maior.

Este dado, ainda que inexpressivo no contexto de uma pesquisa geral de profissionais, é um importante indicativo de que em anos recentes aumentou a procura por cursos de formação específica. Não muito distante no tempo, era comum que secretários e assistentes não tivessem nenhuma qualificação (Santos, 2008[31]), ou buscassem qualificação em áreas consideradas correlatas, por exemplo, Letras, em função do aspecto comunicacional da atividade, que sempre exigiu domínio formal do idioma nativo e idiomas estrangeiros (idem); e mais recentemente, Administração, coerente com a ampliação das atividades que permitem aos profissionais atuar em parceria com os executivos que atendem, e necessitam, portanto, entender o funcionamento e a dinâmica das estratégias do ambiente de negócios.

Neste quesito, observa-se um percentual de 74% de respondentes com curso superior (graduação, especialização e mestrado) na área de Secretariado e Afins, sem distinção de idade, sexo ou país de origem. Este é um dado a celebrar, porque pode

---

31 SANTOS, Claudia E. *Desconstruindo os mitos da profissão de secretária*. Monografia de conclusão de curso de pós-graduação em Gestão de Negócios. Orientadora Profa. Dra. Georgia Rogel. FECAP. 2008.

indicar uma tendência crescente pela busca de conhecimento especializado na área.

ÁREA	ESPECIALIZAÇÃO	GRAD. COMPLETA	MESTRADO	TOTAIS
Secretariado e afins	27	38	4	69
	39,13%	55,07%	5,80%	
Adm. e Negócios	3	5	2	10
	30,00%	50,00%	20,00%	
Contabilidade e Economia	2	1	0	3
	66,67%	33,33%	0,00%	
Educação, Letras, Pedagogia	4	3	0	7
	57,14%			
Outras	1	6	0	7
	14,29%			
TOTAIS	39	54	6	96
PERCENTUAL	40,70%	56,65%	6,52%	100,00%

4.2. Grau de Instrução x Idade

FAIXA ETÁRIA	ESPECIALIZAÇÃO		GRADUAÇÃO COMPLETA		MESTRADO		EM CURSO		INCOMPLETA		TÉCNICO		TOTAIS	
20 a 24	0	0,00%	1	0,83%	0	0,00%	2	1,65%	0	0,00%	0	0,00%	3	2,48%
25 a 29	3	2,48%	10	8,26%	1	0,83%	4	3,31%	2	1,65%	0	0,00%	20	16,53%
30 a 34	8	6,61%	8	6,61%	3	2,48%	3	2,48%	3	2,48%	1	0,83%	26	21,49%
35 a 39	7	5,79%	12	9,92%	0	0,00%	5	4,13%	1	0,83%	0	0,00%	25	20,66%
40 a 44	5	4,13%	11	9,09%	0	0,00%	1	0,83%	0	0,00%	0	0,00%	17	14,05%
45 a 50	7	5,79%	5	4,13%	0	0,00%	0	0,00%	1	0,83%	1	0,83%	14	11,57%
acima de 50	7	5,79%	5	4,13%	2	1,65%	1	0,83%	0	0,00%	1	0,83%	16	13,22%
TOTAL	37	30,58%	52	42,98%	6	4,96%	16	13,22%	7	5,79%	3	2,48%	121	100,00%

Considerando a totalidade da população (121 indivíduos), sem discriminar entre brasileiros e estrangeiros, 78,5% (94 indivíduos) apresentam nível superior de educação (graduação, especialização, mestrado), entre os quais:

APENAS RESPONDENTES COM NÍVEL SUPERIOR

FAIXA ETÁRIA	ESPECIALIZAÇÃO	GRADUAÇÃO COMPLETA	MESTRADO	TOTAL
20 a 24	0	1	0	1
	0,00%	1,06%	0,00%	1,06%
25 a 29	3	10	1	14
	3,19%	10,64%	1,06%	14,89%
30 a 34	8	8	3	19
	8,51%	8,51%	3,19%	20,21%
35 a 39	7	12	0	19
	7,45%	12,77%	0,00%	20,21%
40 a 44	5	11	0	16
	5,32%	11,70%	0,00%	17,02%
45 a 50	7	5	0	12
	7,45%	5,32%	0,00%	12,77%
acima de 50	7	5	2	14
	7,45%	5,32%	2,13%	14,89%
TOTAL	37	51	6	94
	39,36%	54,26%	6,38%	100,00%

40% (38 indivíduos) na faixa etária entre 30-39 anos
17% (16 indivíduos) na faixa etária entre 40-44 anos
15% (14 indivíduos) na faixa etária entre 25-29 anos
|15% (14 indivíduos) na faixa etária acima de 50 anos
13% (12 indivíduos) na faixa etária entre 45-50 anos

Segundo o Instituto Nacional de Estudos e Pesquisas Educacionais Anísio Teixeira (INEP, 2017), com mais de 6 milhões de alunos, a rede privada tem três em cada quatro alunos de graduação. Em 2017, a matrícula na rede pública cresceu 2,8% e a matrícula na rede privada volta a crescer (3,0%) após a queda registrada em 2016. O aumento no número de matrículas em instituições de ensino superior públicas e privadas pode ser visto pelo gráfico abaixo:

Número de Matrículas em Cursos de Graduação, por Categoria Administrativa – 1980-2017

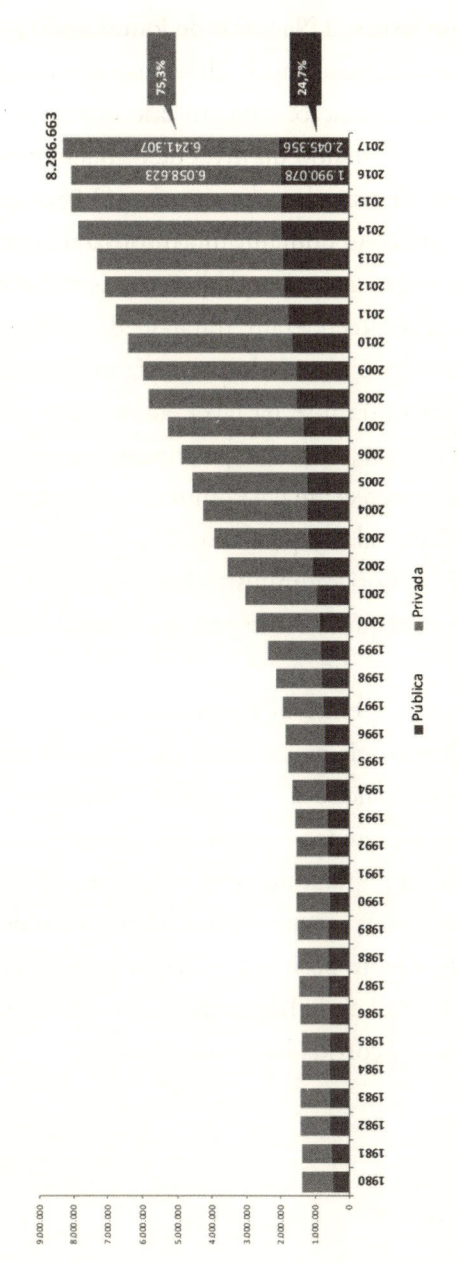

8.286.663
6.241.307 — 75,3%
2.045.356 — 24,7%
2016: 6.058.623 / 1.990.078

■ Pública ■ Privada

Fonte: Censo da Educação Superior 2017, Ministério da Educação – INEP

Dos respondentes, 21% (26 indivíduos) estão entre aqueles que não concluíram, estão em processo de graduação ou possuem o nível técnico de educação. Neste último item, é forçoso destacar que não se está falando do nível técnico superior mas, sim, médio. A primeira razão destaca-se pela presença específica de pergunta sobre nível superior (e seus desdobramentos). Portanto, podemos inferir que os respondentes, ao assinalarem a opção nível técnico, compreenderam tratar-se de nível educacional anterior à graduação. Um dado interessante de nota é que os respondentes encontram-se na faixa etária acima dos 45 anos, o que, de certa forma, concorre positivamente para uma situação que no passado recente era comum, qual seja, não se exigia alto nível educacional dos profissionais em geral, notadamente no campo da assessoria administrativa (maioria das ocupações identificadas na pesquisa, como veremos a seguir).

Por conseguinte, no outro extremo da observação, dado que os respondentes entre as faixas etárias de 30 a 39 anos já apresentam altos níveis de escolaridade, esta pesquisa reflete o que o Instituto Brasileiro de Geografia e Estatística (IBGE) já vem apontando há tempos, ou seja, um aumento do nível geral de escolaridade da população, bem como o aumento da escolaridade (e sua exigência, portanto) dos profissionais de assessoria, o que é extremamente positivo, e certamente, resultado direto da promulgação da Lei de Regulamentação da Profissão de Secretário no Brasil, ocorrida há 35 anos.

5. Idiomas falados

Idiomas	%	Idiomas	Brasileiros	Idiomas	Estrangeiros
Português	94,2	Não listado	3,5	Português	28,6
Não listado	3,3	Italiano	5,3	Não listado	0,0
Italiano	6,6	Inglês	70,2	Italiano	28,6
Inglês	71,9	Francês	8,8	Inglês	100,0
Francês	10,7	Espanhol	43,9	Francês	42,9
Espanhol	44,6	Chinês	0,9	Espanhol	57,1
Chinês	0,8	Árabe	0,9	Chinês	0,0
Árabe	0,8	Alemão	2,6	Árabe	0,0
Alemão	2,5			Alemão	0,0

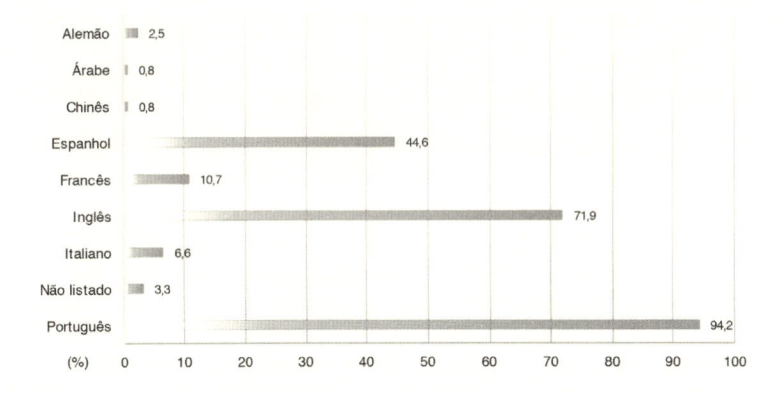

Idioma	%
Alemão	2,5
Árabe	0,8
Chinês	0,8
Espanhol	44,6
Francês	10,7
Inglês	71,9
Italiano	6,6
Não listado	3,3
Português	94,2

Relativamente aos idiomas, o gráfico acima mostra a distribuição dos idiomas falados pelos respondentes. Tendo a pesquisa sido aplicada majoritariamente no Brasil, é natural que o idioma mais falado seja o português brasileiro, ainda que entre os questionários respondidos haja falantes do português europeu. Entre os brasileiros, o segundo idioma mais falado é o inglês, seguido do espanhol, o que não causa nenhuma surpresa. Mesmo entre os estrangeiros, a mesma correlação se repete, português, inglês e espanhol, acrescida de uma amostra insignificante, dentro do universo desta pesquisa, que fala francês, italiano, alemão, árabe e chinês.

Ainda que os resultados demonstrem uma maioria de respondentes que falam um idioma adicional, além do nativo, nesta amostra não se observa procura pelo idioma chinês, ou qualquer outro idioma fora do espectro das línguas chamadas de neolatinas.

6. Empresas, cargos e salários

Nacionalidade da empresa

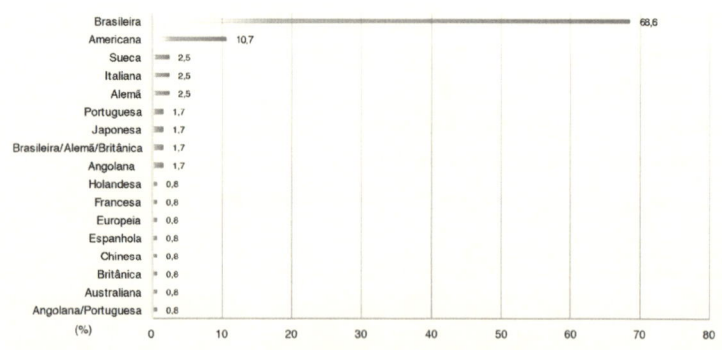

Nacionalidade	(%)
Brasileira	68,6
Americana	10,7
Sueca	2,5
Italiana	2,5
Alemã	2,5
Portuguesa	1,7
Japonesa	1,7
Brasileira/Alemã/Britânica	1,7
Angolana	1,7
Holandesa	0,8
Francesa	0,8
Europeia	0,8
Espanhola	0,8
Chinesa	0,8
Britânica	0,8
Australiana	0,8
Angolana/Portuguesa	0,8

Porte

Porte	(%)
Grande empresa	42,2
Média empresa	19,8
Pequena empresa	21,5
Microempresa	16,5

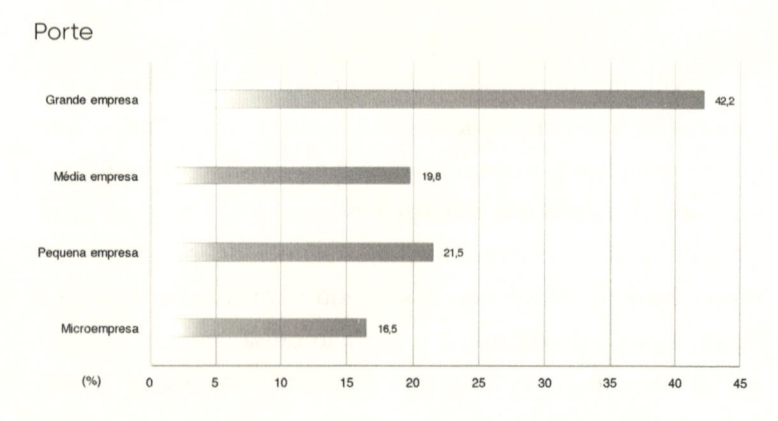

Ramo de atividade da empresa

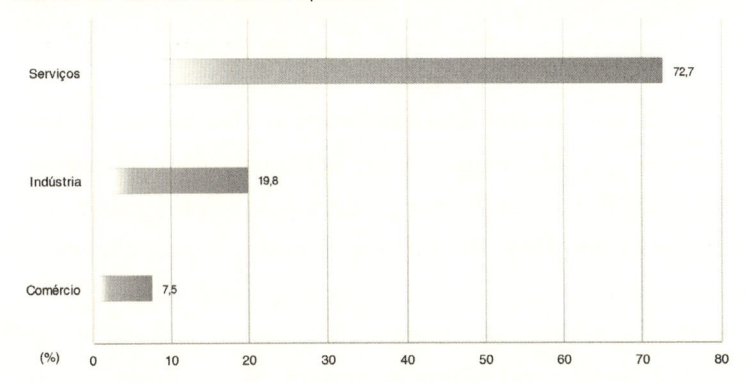

- Serviços: 72,7
- Indústria: 19,8
- Comércio: 7,5

(%)

Atividade profissional

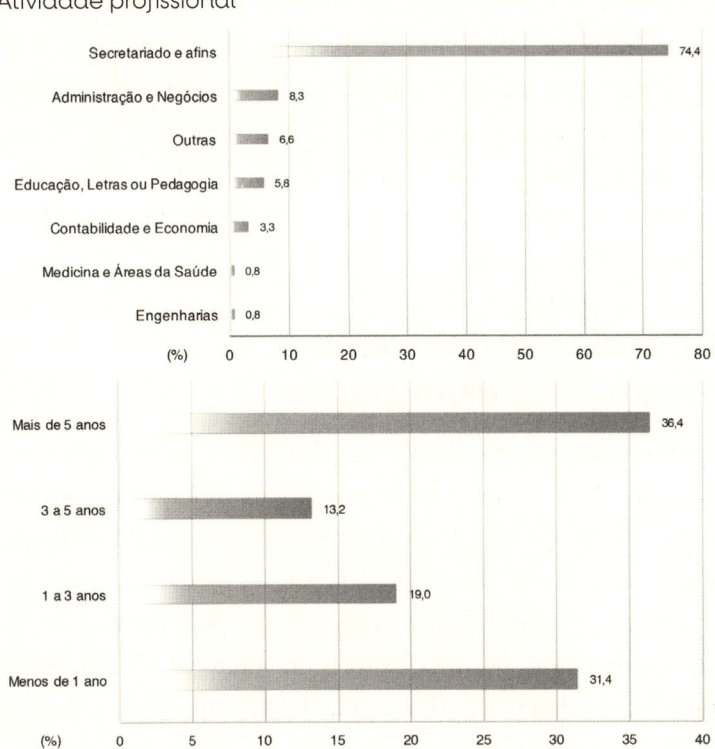

- Secretariado e afins: 74,4
- Administração e Negócios: 8,3
- Outras: 6,6
- Educação, Letras ou Pedagogia: 5,8
- Contabilidade e Economia: 3,3
- Medicina e Áreas da Saúde: 0,8
- Engenharias: 0,8

(%)

- Mais de 5 anos: 36,4
- 3 a 5 anos: 13,2
- 1 a 3 anos: 19,0
- Menos de 1 ano: 31,4

(%)

Faixa salarial dos respondentes

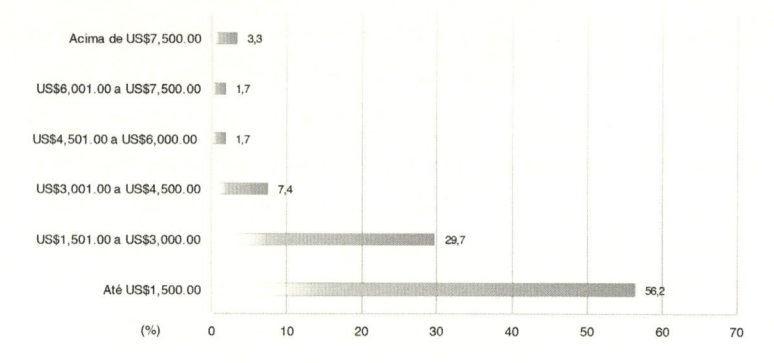

Faixa	%
Acima de US$7,500.00	3,3
US$6,001.00 a US$7,500.00	1,7
US$4,501.00 a US$6,000.00	1,7
US$3,001.00 a US$4,500.00	7,4
US$1,501.00 a US$3,000.00	29,7
Até US$1,500.00	56,2

A análise dos dados anteriores mostrou que o público respondente é composto majoritariamente por mulheres (90%), jovens (42% até 39 anos), com nível superior (80%), que falam pelo menos um idioma estrangeiro (76% falam inglês). Neste item, observa-se que estas pessoas trabalham em empresas brasileiras (68,5%) de grande porte (42%) do ramo de serviços (73%), com salários que variam de US$ 1,500 (56%) até US$ 3,000 (30% da amostra).

8. Considerações sobre emigração e expatriação

A motivação para escrever este livro surgiu como um desdobramento do interesse pelo tema da interculturalidade aplicado ao âmbito de atuação do profissional de secretariado. Sob este enfoque, o tema foi descrito e definido no livro *Secretariado intercultural: como auxiliar empresas e profissionais em negócios no exterior*, da autora Marcela Brito (Lura Editorial, 2015), agora organizadora desta iniciativa, e que, juntamente com as demais autoras, percebeu, também, que havia uma distância entre o que se observava na prática, na vivência do imigrado e/ou expatriado, e as expectativas geradas em torno de uma oportunidade de expatriação ou imigração, por parte dos profissionais de secretariado.

Como uma capacidade, a interculturalidade depende da abertura que uma pessoa possui para, ao perceber as diferenças culturais, buscar compreendê-las, assimilá-las e, se possível, transcendê-las, para conectar-se e interagir com as outras pessoas de igual para igual, ser capaz de trocar conhecimentos e explorar novas práticas. O ambiente de negócios em que as comunicações e a tecnologia proporcionam uma grande interação entre diferentes corporações em diferentes países oferece a diversidade cultural necessária para o desenvolvimento da interculturalidade sem a necessidade de sair de seu país. Mas apenas a exposição a um ambiente culturalmente diverso não significa que uma pessoa vai desenvolver interculturalidade, porque ela pode não estar aberta a conhecer e assimilar aspectos da outra cultura.

A predisposição para aceitar e assimilar novos contextos culturais potencializa o desejo de conhecer e vivenciar novas experiências, e claro, facilita muito a adaptação daqueles que, por força do trabalho ou outro motivo, têm a oportunidade de viver fora de seu país de origem. Uma experiência no exterior, de qualquer natureza — viagens turísticas, intercâmbio ou imigração — é uma maneira muito eficaz para desenvolver a interculturalidade porque, inevitavelmente, amplia a visão de mundo e torna a pessoa mais aberta e flexível. Do ponto de vista profissional, a experiência internacional, especialmente como expatriado, além de promover o desenvolvimento técnico-comportamental da pessoa, configura-se como uma estratégia que viabiliza uma atuação mais precisa e mais favorável aos negócios.

Para discutir este tema, é mister definir o termo expatriação. Em sentido lato, o termo significa "deixar a pátria", ou seja, o indivíduo passa a viver em país diferente de onde nasceu por uma imposição. Apesar da fácil associação com o termo "exílio", a palavra "expatriar" e suas derivadas foram adotadas pelo mundo corporativo para designar os profissionais que são enviados como executivos de alto nível a países periféricos para instalar e fazer funcionar as subsidiárias de suas empresas (outros motivos para enviar profissionais a países estrangeiros podem ser oferecer ou receber treinamento e programas de rotação de cargo).

O termo adotado pelo mundo corporativo ganhou uma conotação de privilégio por dois motivos principais. Expressamente pelo fato de que, em geral, são enviados americanos ou europeus, com características marcadamente caucasianas, associado ao fato de que as empresas se responsabilizam, em maior ou menor grau, pela viagem, pela documentação, pela adaptação do executivo e sua família ao novo país, além de oferecer salário fixo e variável em moeda estrangeira, uma promoção de cargo durante ou após, entre outros benefícios, o que torna esses executivos parte de uma elite (Ramos, 2017[32]).

Estas condições contribuíram para tornar o fato de ser "enviado a trabalho" ou, já utilizando o termo em seu sentido lato, a expatriação, no sonho de consumo profissional e praticamente uma obrigação na carreira executiva.

---

32 Thais Valim Ramos. *Imigrante, estrangeiro, expatriado: entre o desejo da hospitalidade e o encontro com a hostilidade*. Disponível em: file:///C:/Users/user/Desktop/PROJETOS%202020/INTERCULTURALIDADE/Expatriado%20Estrangeiro%20Imigrante.pdf). Recebido em: 22/08/2017. Aceito em: 31/10/2017.

O termo imigrante, por sua vez, traz embutida uma conotação pejorativa, tendo em consideração que o indivíduo que se transfere e se estabelece voluntariamente em país diferente daquele em que nasceu, motivado pela busca de melhoria das condições de vida, independentemente de suas características étnicas, será sempre considerado com inferioridade pelos nativos.

Pelas razões já comentadas, os nativos enxergam no expatriado uma superioridade que não enxergam no imigrante, porque este poderá ocupar postos de trabalho, utilizar equipamentos sociais e institucionais que, em tese, seriam dos nativos por direito, porque são eles que pagam impostos (Ramos, 2017[33]). Apenas lembrando que, muitas vezes, o imigrante paga mais impostos ou paga mais por serviços do que os nativos e até os expatriados.

7. O secretário e o desejo de ser expatriado

A julgar pela atividade profissional desenvolvida pelos respondentes (74% de secretários) nas grandes empresas, apesar do aparentemente baixo salário, a posição de proximidade aos cargos de nível decisório confere a estes profissionais acesso a comportamentos, hábitos e expectativas de pessoas de alto padrão socioeconômico, bem como a conteúdos de conhecimento de alto nível de complexidade. Ainda que esta pesquisa não tenha contemplado perguntas sobre quantidade, qualidade ou formas

---

33 Thais Valim Ramos. *Imigrante, estrangeiro, expatriado: entre o desejo da hospitalidade e o encontro com a hostilidade*. Disponível em: file:///C:/Users/user/Desktop/PROJETOS%202020/INTERCULTURALIDADE/Expatriado%20Estrangeiro%20Imigrante.pdf) Recebido em: 22 ago. 2017. Aceito em: 31 out. 2017.

de aquisição de conhecimento, é importante destacar que os profissionais de secretariado estão sujeitos a acessar, analisar, interpretar e compreender as nuances e sutilezas do mundo ao seu redor, sendo capazes de chegar a conclusões próprias e tomar decisões sobre suas vidas e carreiras.

Também é forçoso destacar que não só os profissionais de secretariado vivenciam os processos de expatriação de seus colegas executivos de outras categorias profissionais, como é muito provável que sejam os responsáveis por cuidar para que tais processos se efetivem a contento, podendo, até mesmo, permanecer à disposição dos executivos expatriados mesmo após a viagem.

Dessa forma, é justo pensar que os secretários percebam nesse processo uma forma de alavancar suas próprias carreiras e manifestem a seus superiores o desejo de igualmente buscar progresso profissional pela via da expatriação.

Esta inferência não está longe de ser verdadeira, visto que a motivação profissional e o entendimento de obter desenvolvimento pessoal estão muito próximos em termos relativos (63% e 68%, respectivamente). Adicionalmente, um percentual de 54% de respondentes revela o desejo de conhecer outros países e culturas como uma forma de desenvolvimento pessoal.

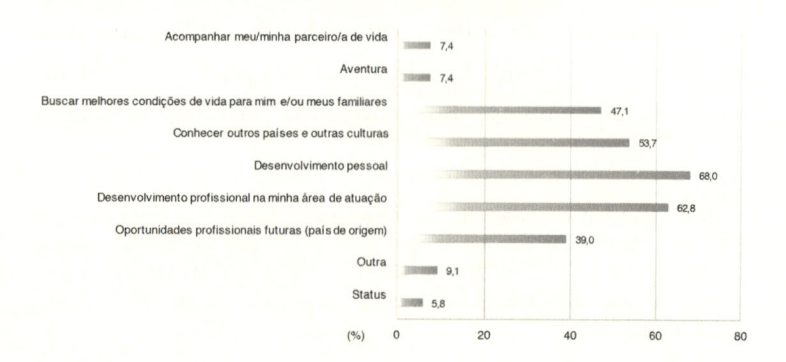

	(%)
Acompanhar meu/minha parceiro/a de vida	7,4
Aventura	7,4
Buscar melhores condições de vida para mim e/ou meus familiares	47,1
Conhecer outros países e outras culturas	53,7
Desenvolvimento pessoal	68,0
Desenvolvimento profissional na minha área de atuação	62,8
Oportunidades profissionais futuras (país de origem)	39,0
Outra	9,1
Status	5,8

É provável que, pela proximidade dos centros de poder das empresas em que trabalham os profissionais de secretariado ou do nível de conexões profissionais a que estão sujeitos, entre outros fatores, a carreira secretarial possa ter um rápido crescimento, razão pela qual é natural que se vislumbre na internacionalização um passo lógico de desenvolvimento profissional.

No entanto, se para os executivos nas grandes empresas, especialmente as multinacionais, passar uma temporada no exterior é não só desejável como altamente recomendável, para a carreira secretarial, ainda que não seja uma impossibilidade, não é uma prática corrente, e está longe de se tornar uma tendência, apesar do desejo de muitos profissionais de secretariado. A razão principal pode estar relacionada com o fato de não ser economicamente viável: as empresas investem muito tempo, energia e dinheiro para enviar um funcionário e sua família para viver em outro país, e é muito difícil justificar tais custos para um profissional cujas habilidades e atribuições, por mais importantes que sejam, pelo menos em tese, podem ser facilmente encontradas no país de destino. Aliás, a atividade secretarial foi uma das que mais rapidamente se adaptou ao estilo remoto de trabalho, imposto pela exigência de distanciamento social após a deflagração da pandemia causada pelo coronavírus, em 2020.

São muito específicos e raros os casos de profissionais de secretariado que foram efetivamente expatriados, seguindo o mesmo modelo dos executivos de outras profissões. Mais comum é que secretários sejam enviados ao exterior para curtos períodos de trabalho ou para fazer cursos e treinamentos. Estas oportunidades, juntamente com o fato de atender executivos expatriados — e, portanto, estarem sujeitos às culturas desses executivos —, configuram-se como as experiências internacionais possíveis dentro do universo secretarial e, sendo assim, não procede esperar que o desenvolvimento da interculturalidade no âmbito secretarial esteja necessariamente relacionado à internacionalização de carreira em seu sentido mais estrito.

No entanto, é perfeitamente possível, desejável e esperado que, mesmo trabalhando em empresa nacional, em seu país de origem, o secretário seja capaz de estabelecer práticas, hábitos e condutas que levem ao aprendizado, ao entendimento, à aceitação de indivíduo ou circunstância que lhe sejam culturalmente diversos, e assim crescer como pessoa e como profissional.

Também é uma possibilidade encontrar secretários que, por motivos pessoais e com recursos próprios, acabem migrando para um país estrangeiro. E, na esfera das circunstâncias pessoais que os levaram para fora de seu país, a necessidade de trabalhar, e seu histórico profissional, podem contribuir para que venham a ter uma posição profissional como secretários.

A internacionalização da carreira, portanto, não é condição *sine qua non* para considerar que a trajetória profissional de um secretário seja, ou venha a ser, bem-sucedida. Esta expectativa não tem correspondência com a realidade, porque o sucesso depende de variados fatores como em qualquer outra atividade profissional.

Com base nessas premissas, as autoras buscaram entender quais eram as questões fundamentais que direcionavam os profissionais a ver a expatriação como um degrau na carreira e o que estavam buscando em termos de desenvolvimento pessoal para tornar isto possível.

Esta pesquisa identificou que 87,5% dos respondentes afirmaram não ter experiência internacional, mas revelaram o desejo de tê-la (92,5%), o que, ainda que neste pequeno universo, aponta para uma confirmação do que estamos alegando.

Ainda que o desenvolvimento pessoal seja aqui representado por um volume maior de respondentes, quando perguntamos qual a maior dificuldade para levar a termo uma oportunidade de ter uma experiência profissional internacional, os respondentes apontaram a falta de dinheiro como a maior dificuldade (27%), a falta de domínio em idiomas em segundo lugar (21,5%), e a dificuldade de obter vistos de permanência e/ou autorizações de trabalho (20%) em terceiro lugar.

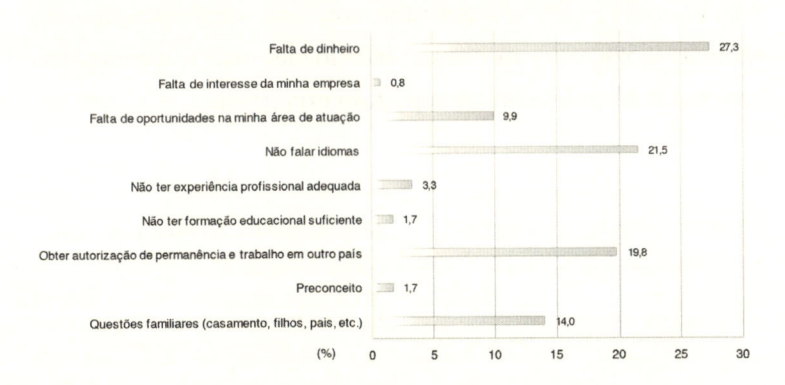

Motivo	%
Falta de dinheiro	27,3
Falta de interesse da minha empresa	0,8
Falta de oportunidades na minha área de atuação	9,9
Não falar idiomas	21,5
Não ter experiência profissional adequada	3,3
Não ter formação educacional suficiente	1,7
Obter autorização de permanência e trabalho em outro país	19,8
Preconceito	1,7
Questões familiares (casamento, filhos, pais, etc.)	14,0

A observação destes números nos leva a crer que os profissionais enxergam na aquisição de um idioma estrangeiro — notadamente o inglês, mas também o espanhol no caso dos respondentes brasileiros — um importante passo de desenvolvimento pessoal que tem um grande impacto na vida profissional, mas compreendem que este é só um — senão o primeiro — passo para atingir certo patamar de alavancagem profissional.

Ao questionarmos a opinião dos respondentes sobre os aspectos importantes para um profissional ser considerado para uma expatriação profissional, 75% responderam que a capacidade de adaptar-se rapidamente é um fator relevante, contra 65% que acreditam que a fluência em idiomas pode vir a ser fator preponderante da decisão de expatriar. Se considerarmos um segundo grupo de fatores, a oportunidade profissional para ser considerado para uma expatriação — ou seja, estar no lugar certo, na hora certa, com as características certas —, destaca-se como um fator relevante para 51% dos respondentes, de onde podemos inferir que existe sim uma expectativa de ser expatriado pela empresa, razão pela qual entendem que ter uma boa formação educacional (49,5%) e buscar aprimorar seus conhecimentos em idiomas (65%) estejam entre as habilidades mais relevantes para serem considerados para uma posição expatriada.

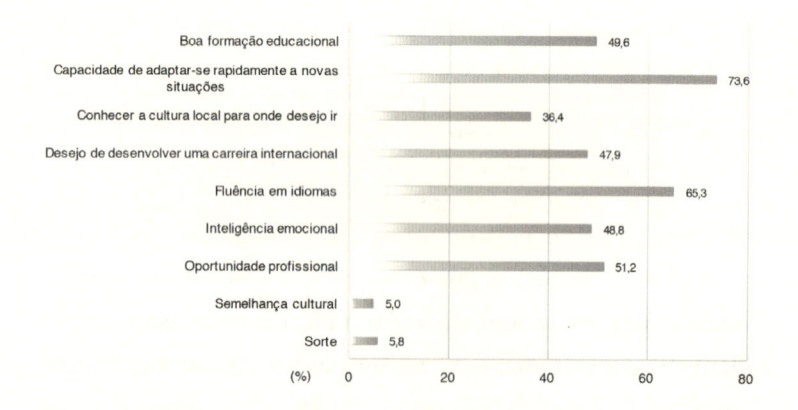

Fator	%
Boa formação educacional	49,6
Capacidade de adaptar-se rapidamente a novas situações	73,6
Conhecer a cultura local para onde desejo ir	36,4
Desejo de desenvolver uma carreira internacional	47,9
Fluência em idiomas	65,3
Inteligência emocional	48,8
Oportunidade profissional	51,2
Semelhança cultural	5,0
Sorte	5,8

É bastante provável que esses profissionais ou já tenham tido seus pedidos de expatriação negados, ou, por reconhecer a dificuldade ou impossibilidade de tal empreitada nas empresas em que trabalham, mantenham o desenvolvimento das habilidades técnicas e comportamentais vislumbrando uma possibilidade de imigrar por conta própria.

Com os presentes dados, não podemos fazer tal afirmação, porém, é preciso salientar que há uma grande distância entre expectativa e realidade. As histórias contadas aqui pelas autoras, que vivem como imigrantes em três países, Inglaterra, Espanha e Japão, duas delas com carreiras bem-sucedidas em secretariado, não escondem as dificuldades que ultrapassam o limite das barreiras com o idioma e a adaptabilidade à nova cultura, quais sejam: problemas com burocracia e documentação exigida para o trabalho, dificuldade de acesso às instituições, desinformação e preconceitos de toda ordem.

Em suma, não há nada de romântico na vida de imigrante. Ainda que algumas condições de trabalho, de vida em sociedade (segurança, educação e saúde) sejam aparentemente melhores do que no Brasil, há aspectos que são desafiadores em um grau tão elevado que muitas pessoas acabam preferindo retornar a viver em tais condições. No Japão, por exemplo, os filhos de homem brasileiro casado com mulher japonesa não recebem os direitos de herança da família da mãe, os filhos de pais brasileiros nascidos no Japão são considerados estrangeiros como seus pais e, portanto, apesar de frequentarem escolas japonesas, falarem o idioma, compreenderem a cultura, são considerados estrangeiros, possuem documentos que os identificam como estrangeiros, o que os impede de votar e de se candidatar a cargos públicos, pelo lado visível das políticas de imigração, e, pelo lado invisível da vida cotidiana, são preteridos em empregos — mesmo que tenham qualificação —, e sofrem discriminação abertamente, respaldada por uma cultura claramente voltada para si mesma.

Finalmente, o que desejamos compartilhar com este trabalho construído com muito carinho e dedicação é a possibilidade que o profissional de secretariado tem, em qualquer tempo e de qualquer lugar do globo, de exercitar a habilidade intercultural. Em um mundo no qual a pandemia da covid-19 se mostrou o grande e maior exemplo de que fronteiras geográficas são meramente políticas, somos impactados diretamente e em todas as áreas da vida e do tecido social por acontecimentos que se iniciam isolados e impactamos, igualmente, o ecossistema ao nosso redor, *on* e *offline*, com aquilo que expressamos seja pelo nosso olhar, pela nossa experiência absolutamente particular ou, até mesmo, pela mínima interação que criamos com o mundo e as pessoas além dos limites que nós nos colocamos.

Permita-se ser maior e melhor do que você foi até hoje, como profissional e, sobretudo, como ser humano. Somos uma imensa vila, onde embora alguns falem idiomas distintos e se relacionam com entidades de nomes diferentes, no íntimo ainda somos uma mesma família, que obviamente deseja manter o mínimo de relação e similaridades, e todavia se torna muito mais feliz quando aprende a respeitar as diferenças de seus membros.

Nossas considerações

Quando iniciamos a produção deste livro, a seguinte pergunta nos acompanhou: seria possível praticar a interculturalidade sem sair de seu país de origem? E depois de tudo o que vivemos durante os dois últimos anos, podemos dizer que SIM. É possível e urgente que a interculturalidade seja uma habilidade necessária para todos os profissionais que viveram o ano de 2020 sendo diretamente impactados pelos mais rápidos efeitos de uma globalização que é real e em rede.

Embora os resultados da pesquisa não sejam representativos, dado o número de respondentes, eles nos apresentam um olhar de parte dos profissionais que atuam como assistentes executivos no Brasil e em outros países do mundo sobre o que é ter uma carreira internacional.

Sabemos que os resultados refletem um desejo ainda forte, especialmente no Brasil, de parte desses profissionais viverem uma experiência internacional. Pode ser por meio de um intercâmbio para o aprendizado de um novo idioma ou uma vivência de longa duração, com partilhas mais culturais e até mesmo pela possibilidade de expatriação, embora esse modelo não seja comum a esses profissionais, como já descrito ao longo do livro.

No entanto, com os relatos interculturais vividos "na pele" pelas autoras Claudia, Natalie e Paula, fica mais do que explícito que a carreira internacional de perto tem menos *glamour* e charme do que quando vista de longe. De perto, tudo se amplia, até mesmo os problemas, as dores, as dificuldades e o desejo que vez ou outra surge de retornar "para casa".

Estamos falando aqui sobre uma interculturalidade na prática, que seja sustentada pela evolução que precisamos atingir no sentido mais profundo de nossa humanidade. A habilidade que é, nas palavras da interculturalista brasileira Mariana de Oliveira Barros, publicadas em uma postagem na rede social LinkedIn:

"Uma habilidade que pode ser desenvolvida, a inteligência cultural tem que fazer parte de seu repertório se você pretende atuar globalmente, mas também ajuda muito a harmonizar relações entre gaúchos e baianos, cariocas e paulistas, negros e brancos, pessoas com orientações sexuais diferentes, casais, irmãos e até mesmo visões políticas polarizadas! Na nossa opinião, um *must develop* pra qualquer ser humano que queira ter uma melhor relação com a diferença."

Logo, compreendemos que, ao trazer esses relatos, podemos nos aproximar mais da realidade nua e crua de um imigrante e menos da visão romantizada de filmes e séries sobre o que é viver em um país estrangeiro, firmar raízes, se apaixonar, casar, ter filhos, se tornar um cidadão desse novo lugar. A interculturalidade pode ser aprendida de maneiras diversas.

No relato da autora Marcela, percebemos que ainda há muito o que aprender e exercitar internamente, como nação e cidadão em um país incrivelmente multicultural como o Brasil, simplesmente quando se decide sair do Sudeste para o Norte ou do Nordeste para o Sul.

Da mesma forma, acompanhamos a trajetória de uma brasileira que mudou para a Espanha, que, ao lado de Portugal, liderou a primeira fase da globalização mundial, por meio do relato da Natalie. E agora, ela própria representa o retrato da juventude que tem sucesso no auge da Revolução 4.0.

No relato da Claudia, por mais que possamos nos esforçar, ainda não seremos capazes de visualizar as faces de uma cultura disciplinadora, regrada e muito fechada como a do Japão. Ainda assim, nos orgulhamos de uma brasileira que brilha na terra do sol nascente por sua inteligência.

Por fim, o relato de Paula, uma mulher africana, nascida em Angola, educada em Portugal e radicada na Inglaterra, como a saga de alguém que conquistou com seu trabalho, respeito e valores um novo lugar no mundo.

Dessa forma, queremos convidar você a começar agora a aplicação direta desta habilidade, que será cada vez mais necessária no mundo. E se você deseja ser um profissional global, não importa se em seu país de origem ou em qualquer outro, esta será uma condição obrigatória para você carimbar seu passaporte para o mundo novo que se abre a partir de agora.

Referências

BLOCH, S.. WHITELEY, P. *Você globalizado:* dez estratégias para atuar como um executivo global. Londres, Inglaterra: Marshall Cavendish, 2011.

BRASIL. Ministério do Trabalho e Emprego (tem). Estatísticas. Programa de Disseminação de Estatísticas do Trabalho. Bases Estatísticas Rais/Caged. Acesso online, 2020. Disponível em: http://sgt.caged.gov.br/index.asp. Acesso em: 14 ago. 2020.

BRITO, M. *Secretariado intercultural:* como auxiliar empresas e profissionais em negócios no exterior. 1. ed. São Paulo: Lura Editorial, 2015.

HOFSTEDE, G.; HOFSTEDE, G. H. *Cultures and organizations:* software of the mind. New York: McGraw-Hill, 2005.

LA GRANGE, Z. *Bom dia, Sr. Mandela:* a secretária pessoal do líder humanitário em um relato emocionante. 1. ed. Ribeirão Preto, SP: Editora Novo Conceito, 2015.

LIVERMORE, D. *Inteligência cultural.* Rio de Janeiro: Best-Seller, 2012.

THOMAS, D. C.; INKSON. K. *Inteligência cultural:* habilidades pessoais para negócios globalizados. Rio de Janeiro: Record, 2004.

RAMOS, T. V. *Imigrante, estrangeiro, expatriado:* entre o desejo da hospitalidade e o encontro com a hostilidade. Disponível em: file:///C:/Users/user/Desktop/PROJETOS%20 2020/INTERCULTURALIDADE/Expatriado%20Estrangeiro%20Imigrante.pdf. Recebido em: 22 ago. 2017. Acesso em: 31 out. 2017.

QUINTÁNS, J. M. El Gobierno renuncia a garantizar el uso del castellano em la escuela catalana. *El País,* 4 abr. 2018. Disponível em: https://elpais.com/ccaa/2018/04/04/catalunya/1522840840_108931.html. Acesso em:

CONSULADO GERAL DA ESPANHA EM SÃO PAULO. *Taxas.* Disponível em: http://www.exteriores.gob.es/Consulados/SAOPAULO/pt/InformacionParaExtranjeros/Pages/IESaoPaulo/Taxa-Vistos-Schengen.aspx. Acesso em:

THE ECONOMIST. Which European country has the most female politicians? Disponível em: https://www.economist.com/graphic-detail/2019/05/03/which-european-country-has-the-most-female-politicians. Acesso em:

ESPANHA, MINISTÉRIO DA SAÚDE, CONSUMO E BEM-ESTAR SOCIAL. *Benefícios das Famílias Numerosas.* Disponível em: https://www.mscbs.gob.es/ssi/familiasInfancia/ayudas/ayudasFamiliasNumerosas/beneficios.htm.

IBGE. *Projeção da população do Brasil e das Unidades da Federação.* Disponível em: https://www.ibge.gov.br/apps/populacao/projecao/.